KB115063

공부멘토 김경진의
슬기로운 학원 생활

공부멘토 김경진의 슬기로운 학원 생활

발행일   2024년 8월 20일

지은이   김경진
펴낸이   손형국
펴낸곳   (주)북랩
편집인   선일영   편집   김은수, 배진용, 김현아, 김부경, 김다빈
디자인   이현수, 김민하, 임진형, 안유경   제작   박기성, 구성우, 이창영, 배상진
마케팅   김회란, 박진관
출판등록 2004. 12. 1(제2012-000051호)
주소   서울특별시 금천구 가산디지털 1로 168, 우림라이온스밸리 B동 B111호, B113~115호
홈페이지 www.book.co.kr
전화번호 (02)2026-5777   팩스   (02)3159-9637

ISBN   979-11-7224-227-5 03370 (종이책)   979-11-7224-228-2 05370 (전자책)

(주)북랩 성공출판의 파트너

북랩 홈페이지와 패밀리 사이트에서 다양한 출판 솔루션을 만나 보세요!

홈페이지 book.co.kr   *   **블로그** blog.naver.com/essaybook   *   **출판문의** book@book.co.kr

작가 연락처 문의 ▶ ask.book.co.kr

작가 연락처는 개인정보이므로 북랩에서 알려드릴 수 없습니다.

열정과 집념으로 완성하는 꿈과 도전의 학습법

공부멘토 **김경진**의

슬기로운
학원 생활

김경진 지음

🦅**북랩**

·책머리에·

학부모님들의 가장 큰 고민은 역시 뭐니 뭐니해도 자녀교육이 될 것입니다.

이런저런 말들이 많았다고 해도 역시 학부모님들의 고민 해결을 위해 사교육의 영역에서 가장 노력해 온 사람들은 학원 선생님들이 될 것입니다.

저는 그동안 강사와 원장으로서 수없이 많은 학생들을 만나 왔습니다. 그러다 보니 '어떤 학생이 어떻게 공부를 하였더니 나중에 어떠한 결과로 이어지더라'라고 하는 체험적 지식이 자연스레 축적되어 있습니다.

학원 선생님, 학부모님, 그리고 학생까지 우리는 학원이라는 공간을 슬기롭게 활용할 필요가 있습니다.

이에 작은 도움을 드리고자 그동안 학원 블로그에 썼던 글을 모아서 책으로 엮었습니다.

이 책은 제가 운영하는 학원에서의 경험과 사례를 중심으로 작성되었습니다. 따라서 대부분의 에피소드가 저의 학원에서의 일이기 때문에 자연스레 학원 소개처럼 느껴질 수 있는 내용이 들어가 있습니다. 하지만 이는 실제 사례를 바탕으로 독자분들의 이해를 돕고자 하여 들어간 내용일 뿐, 학원의 광고 목적으로 작성된 것은 아님을 밝혀 드립니다.

감사합니다.

❲ 추천사 ❳

　김경진 선생님의 책이 출간된다는 이야기를 들었을 때 사실 읽어보기도 전에 이미 누군가에게 추천하고 싶다는 욕구가 내 안에 샘솟고 있었다는 것을 고백합니다.

　하지만 저의 이야기를 들으시면 누구라도 저의 이 마음을 납득하시리라 생각합니다.

　청소년기 방황의 끝자락에 선생님을 만나 공부를 하고자 하는 저의 결심이 꾸준히 지속될 수 있도록 재미난 수업으로 저를 이끌어 주셨고, 밤늦게까지 공부했을 때에는 안전하게 집에 갈 수 있도록 직접 차로 바래다주셨던 고마움(물론, 차 안에서도

계속 수업이 진행되긴 했지만요…. ^^)은 지금도 잊히지 않는 추억이
되어 있습니다.

선생님의 설명에는 단순한 지식만이 아닌 어딘가 저희들의
영감을 자극하는 그런 생명력이 스며들어 있었습니다.

이런 멋진 선생님이 쓰신 책인데 기대가 안 될 수가 있을까요?

공부멘토 김경진의 슬기로운 학원생활!

열심히 읽고서 저도 '선한 영향력'을 가진 참교육자의 길을 따
라가고자 합니다!

- 고려대학교 수학교육과 22학번 **정다소**

차 례

KKJ김경진 영어학원장 김경진입니다.

한 사람의 일생에 있어 교육이라는 것은 무엇보다 중요한 요
소가 아닐 수 없습니다. 사회생활을 시작하게 되면 자신이 어
떤 일을 하더라도 결국 여러 사람을 상대하는 공동체 생활에
참여해야만 합니다. 그러다 보면 사람들 사이에서 발생하는 다
양한 문제를 경험하게 되지요. 이러한 문제에 부딪쳤을 때 이를
극복하고 해결해나갈 수 있는 지혜는 그 사람이 어떠한 교육을

받았으며 얼마만큼 실력을 쌓아왔는지에 달려 있을 것입니다.

더구나 지금은 그 공동체를 구성하고 있는 외부 환경들까지도 시시각각 변하고 있습니다. 가상화폐의 등장, 무인기기의 증가, 다국적기업의 성장, 단일화되는 문화, 민주주의의 한계, 흔들리는 종교관 등 오랫동안 인류를 유지시켜 준 철학적 토대와 공동체 사이의 오랜 약속들이, 과도할 정도로 급격하게 변하는 과학의 발전으로 인해 계속 재점검되어야 하고 개선되어야 하는 도전을 받고 있습니다. 과학의 발전이 물질문명의 수레바퀴라면 철학의 발전은 정신문명의 수레바퀴라고 볼 수 있을 것입니다. 두 가지가 서로 동등한 속도로 조화를 이루어야 인류라는 수레가 안정적으로 앞으로 나아갈 수 있겠지만, 현재 과학 발전의 가속도는 극대화된 반면에 정신문화의 발전은 전혀 이를 따라가지 못하고 있지요.

이는 우리가 그토록 원했던 '더 좋은 세상을 만들기 위한 인류의 노력'이 결실을 이루기까지 상당한 과도기적 혼란이 있을 수밖에 없다는 것을 보여주는 현상이라고 이해해야 할 것입니다. 문제는 이러한 과도기적 혼란이 한창인 시대를 우리 학생들이 살아 나가야 한다는 데 있습니다. 제가 어렸을 때만 해도 어른들께서 미래에 대한 이런저런 조언을 해주시면 그 말씀이 대개 맞아떨어졌습니다. 하지만 지금 어른이 되어 있는, 저를 포함한 여러 사람 중에 과연 누가 학생들에게 자신 있게 미래에 관한 조언을 해줄 수 있을까요? 이미 우리가 알고 있는 직업은 10년 안에 절반 이상이 완전히 새로운 직업들로 대체될 것이라는 예측들이 나오고 있습니다. 어떤 직업이 사라지고 어떤 직업이 생겨날지 모르는 상황에서 학생들에게 어떠한 길이 정답이라는 말을 누구도 쉽게 해줄 수 없습니다. 하지만, 그럼에도 불구하고 우리는 미래세대의 인재들을 길러내야 합니다. 그래야만 세계의 바다를 항해하는 대한민국이라는 배가 침몰하지 않고 안정적으로 계속 그 항해를 이어갈 수 있기 때문입니다. 미래의 인재를 길러내지 못한 여러 나라들이 결국 몰락의 길을 걸었다는 것은 세계사가 잘 말해주고 있습니다.

교육과 관련된 일을 하고 있는 한 사람으로서 저는 이에 대한 무거운 책임감을 느끼지 않을 수 없습니다. 시대가 던지는 질문에 제 나름대로의 해결책을 가지지도 않은 채 학생들을 지도한다는 것은 그야말로 공염불에 지나지 않을 것이기 때문입니다. 저는 학생들과 영어라는 과목을 매개로 하여 만나고 있습니다. 지금 시대에 영어공부는 다른 어떤 과목보다 중요합니다. 세계의 질서가 여전히 미국의 주도하에 이루어지고 있기 때문에 그렇습니다. 그 증거로 기축통화가 달러이고, 무역을 위한 세계 유통망의 안정을 미국이 보장하고 있으며, 셰일혁명으로 인하여 에너지에 대한 주도권까지 미국이 상당히 획득하게 되었다는 점을 들 수 있습니다. 게다가 우리가 늘 이야기하는 4차 산업혁명, 그중에서 영국에서 시작된 1차 산업혁명을 제외한 나머지 2, 3, 4차 산업혁명들이 모두 미국발 산업혁명이었다고 해도 과언이 아닙니다. 이러한 사실들만 생각해보아도 영어라는 언어를 공부해야 하는 것이 얼마나 중요한 일인지를 잘 알 수 있습니다.

하지만 저는 단순히 학생들에게 영어 한 과목의 중요성만을 주지시키고자 하는 것은 아닙니다. 미래사회에서 생존하기 위해 학생들이 길러내야 하는 가장 중요한 자질은 바로 적응력이라고 저는 늘 생각하고 있습니다. 변화하는 시대에 발맞추어 자신을 끊임없이 진화시켜 도태되지 않는 존재가 되어야 하기 때문이지요. 학생들은 저희 학원에서 영어라는 과목을 배우고 있지만 그것을 배우는 과정에서 그 이상의, 새로운 철학과 기술에 대한 습득 능력을 깨우쳐야 한다고 생각합니다. 새로운 것에 관한 빠른 이해력과 응용력이 있다면 미래의 변화는 더 이상 두려운 것이 아닙니다. 오히려 그것은 무한한 성공 가능성이 될 것입니다.

그래서 학생들에게 다음의 말씀을 전하고자 합니다.

"KKJ김경진 영어학원! 우선 배워가는 것은 영어이지만 점점 깨쳐가는 것은 삶의 의미와 성공이 될 것입니다. 여러분의 행복과 여러분의 성공은 결코 서로 무관하지 않습니다! 미래사회에 최적화된 인재로 성장할 수 있도록 학원에서 늘 여러분을 돕겠습니다!"

감사합니다.

학생들이 학교에서 시험을 치른다는 것이란?

학교 시험 때가 되면 학원은 전쟁과도 같은 상태에 놓이게 됩니다.

모든 것이 바쁘고 긴밀하게 진행되지요

'중학교 시험은 고등학교보다 쉬우니 시험 준비가 더 수월하지 않을까?' 하는 생각을 혹자는 할 수도 있습니다. 하지만 중학교 시험을 치러야 하는 대상은 결국 '중학생'들입니다. 유치원에서 원생들을 가르치는 것이 쉽다고 말할 수 없듯이 중학생들로 하여금 중학교 시험에서 좋은 결과를 내게끔 지도한다는 것역시, 더 쉽다고 볼 근거가 하나도 없습니다. 게다가 선생님들이 학생들을 대할 때 중학생은 오히려 고등학생보다 더 섬세하게 신경을 써야 합니다. 왜냐하면, 중학생은 초등학생 보다는컸기 때문에 나름의 자기 생각이 있습니다만, 고등학생보다는생각이 짧기 때문에 본인의 생각과 행동에 따르는 책임감은 상대적으로 약하기 때문입니다.

이런 특성을 가진 학생들을 어쨌거나 잘 가르쳐 학교 시험날자신의 기량을 다하게끔 만들어야 하는 것이 중학생을 가르치는 학원 선생님들의 역할입니다. 그렇기 때문에 오히려 고등학생을 지도하는 것보다 더 어려울 수도 있습니다.

제가 학원을 개원한 뒤 저희 원생들의 결과는 다행히도 늘좋은 편이었습니다. 이번 시험 역시 원생의 약 70%가 90점 이상의 점수를 받아냈고 원생의 50%가 100점을 받았습니다.

사실, 100점 받는 학생들의 비율이라는 것은 학원의 뜻대로 좌지우지되는 것은 아닙니다. 아무리 준비를 많이 시켜주어도 학생이 시험장에서 한 문제라도 실수를 해버리면 100점은 될 수 없기 때문입니다. 학교시험 결과를 볼 때마다 실감하는 것이지만 믿었던 학생이 100점 획득에 실패하기도 하고 예상치 못한 학생이 100점을 받아내기도 하는 그런 이변은 늘 있습니다. 결국, 100점을 받는 데 있어 마지막 화룡점정을 찍어내는 것은 학생 본인의 몫입니다.

그렇기 때문에, 이번 시험에서 우리 학원생의 50%가 100점이 나왔다고 해서 다음 번에도 우리 학원생의 최소 절반 정도는 반드시 100점을 받을 것이라고 쉽게 단언할 수는 없습니다.

즉, 100점이라는 점수는 운이라는 요소에도 상당한 영향을 받을 수밖에 없다는 것을 알 수 있습니다.

그러면, 90점 이상의 학생 비율을 예측하는 것은 어떨까요? 일단, 학생들이 90점 이상의 점수를 획득하는 것도 결코 쉬운 일이 아닙니다. 시험에서 2개보다 더 틀리면 80점대로 떨어지게 됩니다. 즉, 90점 이상이라는 점수도 실수가 2개까지만 허용된다는 매우 까다로운 조건을 가진 점수이지요. 그렇기 때문에 중학생들을 공부시켜서 2개 이하로 실수하게끔 만든다는 것이 정말 쉽지만은 않습니다.

그래도 그나마 '오답 최대 2개까지 허용'이라는 다소의 여유 때문에 100점보다는 운의 요소가 상대적으로 줄어들게 됩니다. 그래서 90점 이상이라는 점수는 학원에서 통계적 관점으로 접근해 볼 만한 여지는 있습니다. 시험대비로 이 정도 공부량을 충족시키면 100명의 학생 중 대략 몇 퍼센트 이상이 목표를 달성하더라는 예측이 어느 정도 가능하지요. 이러한 관점에서 결과를 예상하며 시험 공부를 시키다 보면 그중 누군가는 실수를 하나도 하지 않아 시험날 100점을 온전히 받게 됩니다.

어른들도 실수를 하는데 아직 10대의 시기를 살고 있는 청소년들이 실수하는 것은 너무도 당연하지요.

하지만 학원 선생님은 어쨌거나 그러한 학생들을 잘 공부시켜 원하는 점수를 받아낼 수 있도록 적극적으로 도와주어야 합니다. 그렇기 때문에 학교 시험기간이 되면 학원의 선생님들이 하나같이 전쟁에 임하는 심정으로 학생들을 공부시키는 것입니다. 차라리 내가 대신 시험을 치는 것이 낫겠다는 생각은 학원에서 일하는 거의 모든 선생님의 공통된 심정일 것입니다. 하지만 경기가 풀리지 않는다 하여 감독이 경기장에 난입할 수 없듯, 선생님이 학생을 대신해서 시험을 치러줄 수는 없습니다.

즉, 시험은 학생 본인이 감당해 내야만 하는 것입니다.

저는 이제껏 살아오면서 성경을 3번 정도 읽어 보았습니다.

신의 존재를 온전히 받아들일 정도의 확신까지는 갖지 못했지만 그래도 균형 잡힌 지성인이 되기 위해서는 꼭 볼 만한 글이라는 생각에 성경을 처음부터 끝까지 3번 정도 읽어보았던 것입니다.

다만 이뿐 아니라 우리가 환난 중에도 즐거워하나니 이는 환난은 인내를 인내는 연단을 연단은 소망을 이루는 줄 앎이로다.

로마서 5장 3~4절

그러다 보니 저의 뇌리 속에 제법 깊게 새겨져 있는 성경 말씀이 한 구절 정도는 있습니다. 그것이 바로 로마서 5장 3~4절 말씀입니다.

세상을 살아가다 보면 진정한 소망은 때로는 환난의 옷을 입고 오는 경우도 있다는 것을 깨닫게 됩니다. 학생들에게 있어 시험을 치른다는 것 그리고 이를 위해 매일 매일 공부를 해야 한다는 것은 그야말로 환난 중의 환난처럼 느껴질 것입니다. 하지만 이 시기를 인내하고서 현재 자신에게 주어진 임무를 잘 감당해 낸 학생들은 어른이 되었을 때 세상에서 인정받는 그런 사람이 되어 있을 것입니다.

능력이 뛰어날수록 더 높은 곳에 있는 더 맛있는 열매를 맛볼 수 있습니다. 능력이 뛰어날수록 더 큰 비전을 가지고 더 큰 도전을 할 수 있습니다. 이러한 관점에서 본다면, 학생들에게 있어 시험을 치른다는 것은 자신만의 큰 소망을 잉태하는 과정이라 말할 수 있습니다. 시간이 흘러 학생 본인이 가슴으로 품었던 소망이 드디어 현실이 되었을 때, 그 기쁨은 무엇과도 비교할 수 없을 것입니다.

"혁명의 성공적 수행을 위해 용어를 혼란시켜야 한다."

그 유명한 러시아 공산혁명 지도자 레닌의 말입니다. 전 세계는 한때 공산주의 이념에 의해 지배당할 뻔했던 아찔한 순간이 있습니다. 자유주의 국가들의 승리와 번영을 통해 지금은 대부분의 사람들이 개인이라고 하는 위대한 존재에 대한 진지한 자각을 하고 있습니다만, 한때는 모두가 똑같이 잘살 수 있는 방법이 있다는 식의 공산주의에 대한 설명이 많은 사람들로 하여금 공산주의가 힘든 현실을 벗어날 수 있는 대안으로 느껴지게

끔 만들기도 하였습니다. 하지만 모두가 똑같이 잘살 수 있다
는 말은, 일당 독재로 흐를 수밖에 없고 당 주류를 제외하고는
모두가 똑같이 빈곤해지는 상태로 갈 수밖에 없는 공산주의의
본질을 호도하는 달콤한 거짓말에 지나지 않았습니다. 반대로
부르주아지는 공산주의자들에 의해 부정적인 의미로 변질된
단어입니다. 이 단어는 11세기부터 등장하는데 요새화된 성 주
변에 형성된 마을에 사는 상공인 계층을 뜻하는 말이었습니다.
물론, 이들이 이후의 여러 사회 변혁의 물결에 의해 벼락출세의
기회를 잡을 수 있었기에 이 단어에 신흥 귀족의 이미지가 덧
입혀지기는 하였으나 이를 완전히 계급투쟁의 관점으로 접근하
여 타도의 대상이라는 의미를 각인시킨 것은 칼 마르크스였습
니다. 그는 자본주의 사회가 내부적 모순에 의해 결국 무너지
고 사회주의 체제로 개조된 후 최종적으로는 공산주의로 가게
될 것이라 예측했습니다. 자본주의에서 사회주의로의 이행기에
나타날 것이 프롤레타리아 혁명이라고 보았고 이때 타도해야
할 대상이 바로 부르주아지라고 주장했던 것입니다.

　물론, 마르크스가 살던 시대의 자본주의라고 하는 것이 상당
히 잔혹한 측면이 있었던 것은 사실입니다. 노동자들의 노동환

경과 그들이 감당해야 하는 노동의 정도가 매우 가혹했지요. 하지만 그것이 자본가의 역할 자체를 완전히 부정할 수 있는 근거가 되는 것은 아닙니다. 그렇기 때문에 마르크스의 계급투쟁은 실패했고 자본주의의 문제를 수정해 나가는 수정 자본주의로 역사의 물결이 흐르게 된 것입니다. 하지만 마르크스가 오염시킨 부르주아지라는 단어의 어감은 지금도 계승되어, 우리 사회가 어떤 경제학적 문제에 봉착했을 때 노동자를 대변하는 쪽은 선인이고 기업을 대변하는 쪽은 악인으로 보게 되는 경향은 여전히 남아있는 것 같습니다.

이처럼 어떤 말이 갖는 영향력은 생각보다 크다는 것을 알 수 있습니다. 심지어 영국 사람들은 2차 세계대전 때 윈스턴 처칠이, 그의 명연설을 통해 '대포의 힘'을 능가하는 '영어의 힘'을 전 세계에 보여주었다고까지 말하기도 합니다. 언어는 한 개인의 철학에 영향을 미치고 개인의 철학은 자신의 삶은 물론 때로는 인류 역사의 흐름에 결정적인 영향을 미치기도 합니다. 그렇기 때문에 우리도 모르게 친숙하게 사용하고 있는 단어들의 의미를 때때로 한 번쯤 반추해 볼 필요가 있습니다.

학생과 학부모님들 사이에서 '자기주도학습'이라는 표현이 널리 쓰이고 있습니다. 쉽게 말해 스스로 공부하는 습관을 말하는 것이지요. 더 단순한 표현으로는 '혼자서 공부하기'라고 해도 좋을 것입니다. 그런데 '혼자서 공부하기'라는 표현과 '자기주도학습'이라는 표현은 그 의미가 같은 것임에도 불구하고 어감은 완전히 다릅니다. '자기주도학습'이라는 표현이 어딘가 더 그럴듯한 느낌이 있습니다. 그렇기 때문에 저는 학생들이 '자기주도학습'이라는 표현을 '혼자서 공부하기'라는 표현보다 훨씬 더 사려 깊게 사용해야 한다고 생각합니다. 가령, 어떤 학생이 어머님께 혼자 공부할 시간이 부족하니 학원을 그만두고서 혼자서 공부하겠다고 한다면 많은 어머님들께서는 학생의 제안을 받아들이지 않을 가능성이 높습니다. "네가 어디 혼자서 공부하는 애니?"라고 말씀하시며 전문 교육기관의 필요성을 학생에게 다시 주지시키실 것입니다. 하지만 학생이 만약 자기주도학습을 해보려고 하니 학원을 그만두겠다고 한다면 그때는 학부모님들께서 학생이 그럴듯한 판단을 하고 있다고 공감하실 수도 있습니다. 물론, 학생이 진심으로 그렇게 생각하고서 한 말이라면 그나마 다행이긴 합니다. 하지만, 이것이 만약 학원 공부가 하기 싫은 마음에 그럴듯한 핑계로 이 단어를 선택한 것이라면 이는 결국 본인에게 큰 손해로 귀결될 것입니다. 그럴듯한 언어를 선택하여 부모님께 착시현상을 준 뒤 게으름을 피울 수 있는 시간을 늘렸을 뿐이지요. 설혹, 이 학생이 정말로 자기주도학습을 하려고 마음을 먹었다고 해도 자기주도학습의 다른 말은 결국 혼자서 공부하기입니다. 현실적으로 학생 혼자서 공부를 효율적으로 해내기란 쉽지 않습니다. 20대에 접어든 대학생들조차도 단기간에 토익점수를 올리기 위해서는 학원을 다니며 공부를 합니다. 자기주도학습이라는 것이 참으로 학원을 대체할 만한 것이었다면 이미 성인이 된 대학생들은 더더욱 자기주도학습을 통해 토익공부를 해야 할 것입니다. 하지만 상황은 정반대입니다. 하물며 사법고시, 행정고시, 외무고시, 입법고시 등과 같은 고등고시에 도전하는 학생들조차 고시를 결심하는 순간 신림동 고시촌으로 가서 유명 학원에 등록부터 합니다. 자기주도학습이 학원 공부의 대체제가 될 수 없음을 명백히 보여주는 사례들이지요. 순수 자기주도학습만으로 성공한 사례는 미국의 에디슨 정도를 군이 들 수 있을지는 모르겠습니다.

대부분의 학생들은 학교에서 배우는 것만으로는 충분하지 않기에 학원에 와서 추가적인 공부를 합니다. 그렇다면, 학원 숙제를 집에서 하는 것은 자기주도학습일까요, 아닐까요? 다양한 견해가 있을 수는 있겠으나 저는 학원 숙제를 집에서 하는 것은 자기주도학습으로 보아야 한다고 생각합니다. 그 이유는 다음과 같습니다.

첫째, 자기주도학습은 결국 '혼자서 공부하기'입니다. 즉, 학원에서 선생님과 함께 공부했던 것을 혼자서도 잘할 수 있는지 집에서 확인해보라는 의미로 숙제가 나가는 것이기 때문에 이는 당연히 자기주도학습의 한 형태로 볼 수 있습니다. 즉, 학생이 분명 혼자서 공부를 하고 있는데, 단지 숙제를 하고 있다고 해서 갑자기 그 공부가 자기주도학습이 아닌 것은 아닙니다.

둘째, 자기주도라는 말을 너무 적극적으로 해석하여 모든 것을 학생이 스스로 해야 한다고 해석해버리면 오히려 공부의 효과성은 매우 떨어지게 됩니다. 학생이 실질적으로 실력이 향상되기 위해서는 반드시 채워야 하는 공부량이 있습니다. 학원 선생님들은 이 공부량을 염두에 두고 숙제를 제시합니다. 하지만 모든 걸 혼자서 하는 학생의 경우 대체로 자기가 할 수 있는 데까지만 공부를 합니다. 선생님의 적절한 감독 없이 자신의 한계에 도전하는 공부량을 실천하는 학생은 거의 없습니다. 학생뿐만 아니라 대부분의 사람들이 스스로 고통을 감내하며 자기 한계에 도전하는 일을 하는 경우는 별로 없습니다. 올림픽에 나가는 선수들에게 자기주도운동을 하라고 하면 그 결과는 어떨까요? 나라를 지키는 군인들에게 자기주도훈련을 해보라고 하면 그 훈련의 성과는 또 어떨까요? 전문가의 조력과 감독 없이 모든 것을 스스로 하라고 한다면 어떤 분야가 되었든 큰 효과를 기대하기 어려울 것입니다.

결국, 가장 효과적인 공부라고 하는 것은 학교공부, 학원공부, 그리고 혼자 하는 공부를 적절히 잘 배합하여 조화를 이룰 때 가능하다는 결론에 이르게 됩니다. 언어가 주는 어감에 홀려 마치 자기주도학습이라는 것이 이전에는 누구도 해본 적 없는 어떤 새로운 신개념의 공부법으로 오해하면 안 될 것입니다. 이제껏 학생들이 혼자서 공부했던 모든 순간은 다 일종의 자기주도학습이었습니다. 자기주도학습을 너무 적극적으로 해석한 나머지 아무런 조력자 없이 오로지 혼자서 하는 공부만이 진정한 자기주도학습이라고 착각하는 순간 그 학생의 공부는 난항을 겪게 될 것입니다.

사교육의 역사라고 하는 것은 아주 오래전으로 거슬러 올라 갑니다. 우리가 잘 아는 고려시대의 대표적 사교육기관에는 최충의 문헌공도(구재학당)가 있습니다. 문헌공도에서는 해마다 여름철이 되면 유명한 사찰을 빌려 학생들을 50일간 합숙을 시키며 졸업생들을 초빙하여 족집게 수업을 해주었습니다. 과거시험 대비 모의고사도 치렀음은 말할 나위 없습니다. 이곳의 학생이었던 그 유명한 이규보는 학원수업뿐 아니라 개인과외 선생님까지 모셔 과거 준비를 했다고 합니다. 게다가 고려시대 사교육은 문헌공도만 있었던 것이 아닙니다. 총 12개의 명문사학이 치열한 경쟁을 벌였습니다. 물론 스타강사도 있었습니다. 고려 말 지금의 사설학원 같은 서당을 차린 강경룡은 충렬왕 때 치른 과거시험에서 10명의 합격자를 배출하여 최고의 스타강사로 이름을 날리게 되었습니다. 우리는 이런 역사적 사례들을 통해 예전에도 사교육의 역할이 매우 컸을 것이라는 점을 짐작할 수 있습니다.

자기주도학습을 너무 적극적으로 해석해 모든 것을 혼자 하려는 학생은 마치 장님이 코끼리를 만지는 것과 같아 코끼리의 본질을 파악하는 데 한참 걸릴 것입니다. 빠르고 정확하게 코끼리를 이해하기 위해서는 코끼리에 관해 먼저 공부를 해본 사람의 코치를 받으며 파악하는 것이 가장 좋습니다.

자기주도학습이라는 것은 여러 가지 공부법 중 한 가지일 뿐입니다. 더구나 이것이 학원 공부와 배치되는 것은 더더욱 아닙니다. 학생들은 학교, 학원, 그리고 개인공부를 적절히 배합하여 공부할 때 가장 빠르게 자신의 목표에 도달할 수 있을 것입니다.

04

"KKJ김경진영어학원, 개빡쎄다면서?"라고 말했던 A군에게

안녕? 이름 모를 학생!

학생의 이름을 모르니 A군이라고 할게요.

A군이 오늘 학교에서 우리 학원에 다니고 있는 학생들에게 "그 학원 개빡쎄다면서?"라는 질문을 했다고 하더라구요. 선생님이 오늘 학원에서 수업을 하던 중 학교에서 A군이 그런 말을 했다는 이야기를 우리 학원 학생들로부터 듣게 되었어요. 그 짧은 질문 속에 A군의 심정이 담겨있는 듯하여 선생님도 모르게 웃음이 피식, 하고 나왔답니다.

그런데 곰곰이 생각해 보니 선생님이 A군과 같은 생각을 가진 학생들에게 이렇게 글로나마 몇 마디 해주는 것이 좋겠다는 생각이 들어 몇 자 적어보게 되었어요. A군에게 꼭 전해지기 바라요.

(1) 우리 학원이 개빡쎈 학원인가?

학생이 개빡쎄다는 기준을 어떻게 잡고 있는지는 잘 모르겠으나 선생님의 기준에 학생의 말처럼 개빡쎈 학원은 아니에요. 왜냐하면, 만약 우리 학원이 그렇게 힘들기만 한 학원이라면 우리 학원의 과제를 다른 친구들도 모두 할 수 없어야 할 텐데 대체로 잘 적응해서 다니거든요. 물론, 그렇지 못하고 퇴원하는 학생들도 있는 것은 사실이지만 대부분의 학생들은 적응을 잘하고 있어요. 그렇다고 한다면 과연 우리 학원이 A군의 생각처럼 그렇게 빡쎄기만 한 학원일까요? 오히려 이 정도는 도전해 볼 만한 것이 아닐까요? A군도 그렇고 다른 학생들도 그렇겠지만 이미 초6 정도가 되었으면 공부를 진심으로 해야 할 시기인 것이지, 공부 코스프레를 하고 있을 시기는 지났답니다. 즉, 의미 있는 공부를 해야 한다는 말이에요. 하루에 영어 단어를 수십 개씩 외우는 학생과 네다섯 개 정도 외우는 학생이 있다고 해봅시다. 물론, 두 학생 모두 공부를 하기는 한 것이지요. 하지만 수십 개씩 외우는 학생은 그 노력이 실력 향상에 기여할 테니 의미 있는 공부를 한다고 볼 수 있지만 네다섯 개 정도 외우는 학생은 어차피 그다지 실력변화가 없을 것이니 그저 공부 코스프레를 한다고 봐야겠지요. 공부할 시기를 그렇게 코스프레만 하면서 흘려보내면 학생의 능력은 별다른 발전이 없을 것이고 그런 능력으로는 어른이 되어도 대한민국의 경제성장률에 아무런 기여를 할 수 없게 됩니다. 경제성장률에 기여하는 만큼 자신의 연봉이 책정되므로 경제성장률에 기여를 하지 못하는 사람은 점점 더 가난해지고 일상생활마저 어려워질 가능성이 높아진답니다. 그래서 선생님은 학생들에게 의미 있는 공부를 시키는 것이 매우 중요하다는 생각을 가지고 있어요. 물론, 얼핏 보기에는 힘들어 보일 수도 있지요. 하지만 선생님은 의미 있는 공부를 시키면서도 합리적으로 학생들을 지도해야 한다고 생각해요. 즉, A군의 표현대로 빡쎌 수는 있겠으나 공부를 무식한 방법으로 시키지는 않아요. 매우 합리적인 방법으로 학생들을 지도한답니다. 의미 있는 공부를 합리적으로 시키는 곳이 바로 우리 학원이지요. A군이 의미 있는 공부 자체를 개빡쎄다고 표현한다면 우리 학원이 빡쎄다는 말이 맞을지 모르지만 의미 있는 공부를 해야 한다는 공감대가 있는 학생이라면 우리 학원은 오히려 합리적인 학원이지요. 의미 있는 공부를 빡쎈 공부라고 규정하면서 공부 코스프레만을 하려고 하는 어리석은 선택을 A군이 하지 않기를 바라요. 앞서 선생님이 말했듯 국가공동체의 경제성장률에 기여하지 못하는 그런 구성원에게 후한 보상을 해주는 공동체는 이 세상에 존재하지 않으니까요. A군이 미래의 삶을 안정적으로 만들어 나가고 싶다면 지금 의미 있는 공부를 실천하시기를 바랍니다.

(2) 왜 공부를 해야 하는가?

이 질문은 아마도 A군뿐만 아니라 모든 학생이 가지고 있는 질문이라고 생각해요. 일단, 1번 질문에 대한 답을 하면서 자연스럽게 이 질문에 대한 답도 선생님이 이미 하기는 하였어요. 아까, 경제성장률에 기여해야만 그만큼의 보상을 받을 수 있다고 했었죠? 결국, 이를 위해 일정 수준 이상의 능력을 키워 내는 것은 누구나 해야만 하는 숙명 같은 일이에요. 자! 그러면 여기서 A군은 이런 질문을 가질 지도 모르겠어요. '왜, 국가공동체라고 하는 것은 그토록 계속 성장해야만 하는 걸까? 그냥 가만히 있으면 안 되는 걸까? 가만히 있으면 나도 굳이 능력을 키울 필요가 없을텐데…' 만약, 이 지구상에 대한민국이라는 하나의 나라만 있다면 굳이 우리가 힘들게 국가공동체의 성장을 지속시킬 필요가 없을 거예요. 하지만, 지구상에는 수많은 나라들이 있답니다. 그 나라들이 서로 성장을 해가면서 문명을 발전시켜 왔지요. 그렇게 서로 경쟁하듯 문명을 발전시켜서 우월한 문명을 이뤄낸 국가는 생존했고 그렇지 않은 국가는 몰락했지요. 역사시간에 배웠지요? 예를 들어, 석기 문명은 청동기 문명을 이룬 국가에 의해 멸망 당하고 청동기 문명은 철기 문명을 이룬 국가에 의해 멸망했다는 이야기들…. 이러한 역사는 지금도 마찬가지랍니다. 그렇기 때문에 여러 나라들이 계속 발전하고 성장하려고 노력하고 있는 것이에요. 우리 공동체만 제자리에 있으면 결국 더 우월한 문명을 가진 국가들에 의해 멸망할 수 있기 때문이지요.

　그러면 A군은 또 이러한 질문을 할지도 모르겠네요. '지구상에 있는 모든 국가가 다들 굳이 성장하려 하지 않고 가만히 있으면 아무도 멸망하지 않고 누구도 고생하지 않을 텐데, 다들 가만히 있으면 안 되나?' 물론, 이러한 생각도 얼마든지 한 번쯤 해볼 수는 있어요. 하지만, 우리가 처한 현실이 이를 용납하지 않아요. 지구에는 수많은 사람이 살고 있지요. 우리가 아무 일도 하지 않아도 지구상의 모든 사람이 굶주리지 않고 잘 먹고 잘 살 수 있다면 누구도 힘든 경쟁을 하지 않을 거예요. 하지만, 아쉽게도 지구가 가진 자원은 한정되어 있고 우리는 한정된 자원을 효율적으로 활용하여 최대한 많은 사람이 굶주림을 해결할 수 있도록 해야 하는 난제를 풀어야 한답니다. 게다가, 지구의 어떤 곳은 풍요로운 반면에 다른 곳은 척박해요. 즉, 어떤 지역의 사람들은 충분히 먹을거리를 확보할 수 있는 반면 또 다른 지역의 사람들은 그렇지 않아요. 그러다 보니 그런 지역의 사람들은 풍요로운 땅을 찾아 나서야 하는데, 풍요로운 곳에는 이미 수많은 사람이 모여 공동체를 이루고 있지요. 결국,

이들은 어떻게 될까요? 서로 충돌하기도 하고 전쟁도 하게 된답니다. 이러한 싸움에서 승리하려면 어떻게 해야 하지요? 당연히 더 좋은 무기가 필요하지요. 더 좋은 무기를 만들려면 어떻게 해야 할까요? 공부를 해야지요. 공부를 해야만 이것이 가능해지지요. 이런 관점에서 보면, 우리는 결국 소중한 것들을 지키기 위해 공부하고 있는 거예요.

자! 그러면 다시 한번 A군이 가졌던 첫 번째 질문으로 돌아갑시다. A군은 우리 학원 학생들에게 이렇게 말했지요?

"그 학원 개빡쎄다며?"

의미 있는 공부가 빡쎄게 보일 수도 있습니다. 하지만, 우리가 살아가야 할 이 세상이, A군의 표현대로 해보자면, 그야말로 개빡쎄기 때문에 의미 있는 공부도 결국 빡쎄지는 것이에요. A군도 어른이 되면 A군이 살고 있는 이 세상이 풍요롭고 따스한 곳보다는 거칠고 척박한 곳이 훨씬 더 많다는 것을 알게 될 거예요. 이러한 환경 속에서 우리의 소중한 대한민국 공동체가 생존해 내기 위해서는 그 구성원들이 열심히 자기 일에 최선을 다해야 해요. 이런 관점에서, A군도 부디 공부를 열심히 하고 있기를 바라요. 그것이 우리 대한민국 공동체에도 도움이 될 테니까요. 혹시 어떻게 공부해야 하는지 잘 모르겠다면 선생님을 찾아오세요. A군을 도와주겠습니다.

05
새로운 전쟁의 시작!

며칠 전 학생들은 또 하나의 전쟁을 끝냈습니다. 학생들에게 있어 학교 시험은 자신의 모든 것을 걸고서 벌이는 한판 승부라 해도 과언이 아닐 것입니다. 자신이 원하는 성적을 이뤄낸 학생은 결과가 주는 성취감을 흠뻑 만끽하고 있을 것입니다. 반면 다른 친구들보다 낮은 점수를 받은 학생은 애써 아닌 척해 보아도 기어이 찾아오는 실망감을 피할 수 없을 깃입니다.

전쟁에는 반드시 승자와 패자가 나눠집니다. 아무리 그럴싸한 언어로 미화하려 할지라도 결국 누군가는 승자의 반열에 서

있고 누군가는 패자의 그룹에 속해 있을 것입니다. 제가 이렇게 두 그룹으로 분류하면 반드시 누군가 다음과 같은 식상한 반론을 제기하고는 합니다. '어떻게 사람을 승자와 패자, 두 그룹으로 나눌 수 있나? 다들 각자의 길이 있고 그 나름대로 아름다운 모습으로 성장하고 있는 것이다.' 물론, 이런 식의 주장을 전면 부정하지는 않습니다. 자기 인생, 각자가 알아서 자신의 스타일대로 삶을 개척해 나가면 되는 것입니다.

하지만, 그렇더라도 현실은 상당히 냉혹합니다. 자신의 개성껏 살아 나가면 되는 그런 세상이지만 학창 시절에 학교 시험이라는 관문에서 인내심을 발휘하며 나름의 전략으로 자신의 목표를 잘 달성한 사람과 그렇지 않은 사람은 자신의 삶을 개척하는 데 있어서도 많은 역량 차이를 보여줍니다. 물론, '누구누구는 학창 시절에 맨날 사고만 치고 개념 없이 행동하고 다녔는데 사회에 나가서 갑자기 뛰어난 성취를 보이며 모두가 부러워하는 성공을 했다더라'는 식의 무협지 소설 속 주인공 같은 인물이 현실에서 몇몇 존재하기는 합니다. 하지만 이러한 이야기에 관심이 쏠린다는 것 자체가 이런 경우가 얼마나 낮은 확률로 발생하는지를 방증하는 것이라고 보아야 할 것입니다.

학생들이 전쟁을 막 치러낸 지금 이 순간, 저는 다음과 같은 질문을 던지고자 합니다.

"열심히 공부해서 시험에서 좋은 결과를 이뤄낸 것과 평소에 놀고 싶은 대로 마음껏 놀다가 시험에서 남들에게 말하기에도 부끄러운 점수를 받은 것 중에서 어느 쪽이 더 행복한 것 같니?"

지금은 시험 점수의 높고 낮은 정도가 그저 숫자의 차이처럼 느껴질 수도 있으므로 어리석은 누군가는 저의 질문에 그래도 노는 게 더 낫다고 주장할 수도 있겠습니다. 하지만 점점 시간이 흐를수록 점수의 차이는 대학의 차이로 이어질 것이고, 어느 대학에서 어떤 교수님께 배웠느냐의 차이는 무슨 직장에 들어가 얼마만큼의 연봉을 받느냐는 식의 현실적인 경제력 차이로 귀결될 것입니다. 그리고 이러한 경제력의 차이는 내 집을 갖느냐, 갖지 못하느냐의 차이가 될 것이고 늙으신 내 부모님을 편안히 모실 수 있느냐 없느냐의 차이가 될 것이며 귀한 내 자식이 학교에서 기죽지 않게끔 필요한 것들을 채워줄 수 있느냐 없느냐의 차이와도 이어질 것입니다. 즉, 자신이 받은 시험 점수의 의미가 단순히 수치상의 측도로서 끝나는 것이 아닌 궁극적으로 본인 삶의 행복도에 상당히 영향을 미치는 힘을 가지고 있다는 것을 어렵지 않게 예상할 수 있습니다.

저는 우리 학원의 학생들이 행복해지기를 진심으로 바라고 있습니다. 그래서 저는 어떻게 하면 우리 학원의 학생들이, 한 명이라도 더 많이, 승리자의 반열에 들어가게 할 수 있는지를 놓고서 늘 고민하고 있습니다. 이러한 고민 끝에 가장 효과적이라고 판단되는 방법이 선정되고 나면 학생들이 그것을 반드시 실천하도록 독려합니다. 그러다 보니 학생들 사이에 우리 학원이 '빡쎄다'는 말이 사라지지 않고 계속 돌게 되는 것 같습니다. 신입생을 10명 정도 받으면 예외 없이 2명 정도는 학원에 적응하지 못하고 스스로 퇴원을 선택하게 됩니다. 하지만 적응을 해 낸 나머지 학생들은 결국 좋은 성과로 귀결됩니다. 이러한 측면에서 보자면 우리 학원에 잘 적응하고 다니는 학생들은 최소한 보통의 능력은 확실히 넘어서는 것 같습니다. 우리 학원생들이 가진 이러한 역량들 때문에 결국 어느새 우리 학원은 적어도 아무나 다닐 수 있는 그런 학원은 아닌 곳이 되었습니다.

시험이 끝났다는 것은 다음 시험을 준비해야 한다는 것을 의미합니다. 학생 여러분들은 마땅히 지금부터 각 과목마다 학교의 다음 시험 범위를 예측하여 미리부터 공부를 해나가야 한다고 생각합니다. 이번 시험에서 목표를 달성한 학생들은 성취감이 주는 달콤함을 마음껏 즐기시기를 바랍니다만 너무 오래 도취해 있지는 않았으면 합니다. 어느 정도 체력이 회복되었다면 다음을 준비하시기 바랍니다. 패배감을 맛보고 있는 학생들은 차라리 얼른 다음 시험을 준비하십시오. 그것이 그러한 감정에서 빠르게 벗어날 수 있는 가장 효과적인 방법입니다. 그리고 다음 전쟁에서는 반드시 승리자가 되어야 합니다.

제가 이 글을 쓰고 있는 바로 오늘, 학원에서는 실력점검 테스트가 있었습니다. 학교시험에서 90점~100점을 받은 학생들이지만 우리 학원의 실력점검 테스트에서는 여전히 적지 않은 오답을 내고 있는 것을 확인할 수 있었습니다. 이는 시험 범위가 정해져 있는 학교 시험과는 달리 전 범위를 치르는 우리 학원 시험의 특성 때문에 발생하는 현상으로 보입니다. 즉, 우리는 이러한 현상을 보면서 학교 시험에서의 성공이 공부의 완성을 의미하는 것은 아니라는 것을 다시 한번 확인할 수 있습니다.

여러분들이 대학입시의 마지막 단계에서 치르게 되는 수능시험은 특정 범위가 정해져 있지 않습니다. 그러므로 진정한 공부의 완성을 이뤄낸 학생만이 궁극적인 승리자가 될 수 있습니다. 그런 전쟁이 지금도 계속해서 학생 여러분들을 향해 성큼성큼 다가오고 있다는 것을 늘 염두에 두어야 할 것입니다.

06
카이사르의 냉정한 훈육

  시오노 나나미가 쓴 『로마인 이야기』 5권을 보면 폼페이우스 군에 패배한 병사들에게 카이사르는 패배한 병사들에게 패배의 책임이 자신들에게 있음을 분명히 하여, 그들이 재기할 동기를 부여했습니다. 병사들은 훈시를 통해 부끄러움을 느끼고, 스스로 반성하여 다시 싸울 의지를 다졌습니다. 카이사르는 가장 무거운 형벌인 '10분의 1형(추첨으로 열 명당 한 명을 추첨하여 9명이 그 한 명을 때려죽이는 형벌)'을 집행하지 않고, 부대 깃발을 버리고 도망친 기수 몇 명을 강등하는 가벼운 형벌을 내

렸습니다. 이를 통해 오히려 패배한 병사들의 수치심을 극대화
시키려 한 것이지요. 병사들은 자신들의 행동을 반성하며 적
진으로 보내달라는 요청을 했으나, 카이사르는 "내게도 생각이
있다."는 한마디로 이를 거부하며 병사들이 더욱 결연한 의지
를 다지도록 했습니다.

　폼페이우스와 카이사르는 당대 로마 제일의 영웅들이었습니
다. 폼페이우스 쪽이 카이사르보다 대략 5~6세 정도 나이가
많습니다만 50대 후반의 폼페이우스와 50대 초반의 카이사르
모두 전쟁에 있어 충분한 경험이 쌓인 노련한 장군들로서 둘
중 누가 이겨도 이상하지 않을 전쟁의 귀재들이었습니다. 최후
승리는 결국 카이사르가 거머쥐게 됩니다만 제가 발췌한 부분
은 카이사르 군이 폼페이우스 군에게 패배하였던 때에 있었던
한 장면입니다. 대체로 우리의 상식으로는 패배한 병사들의 사
기 저하를 우려하여 총사령관이 '승패는 병가지상사'라는 식의
말을 통해 병사들을 위로하는 것이 일반적인 패턴일 것입니다.
하지만 글에서 보면 카이사르는 전혀 반대의 이야기를 하였다
는 것을 짐작할 수 있습니다. 카이사르의 훈시는 패전의 책임

이 전쟁에 임한 병사들의 잘못된 대처와 무능에 있었다는 질책을 분명히 하고 있습니다. 그리고 병사들은 전장에서 도망친 자신의 모습을 부끄러워하며 오히려 카이사르에게 가장 가혹한 형벌인 '10분의 1형'을 자발적으로 요청하고 있습니다. 하지만 카이사르는 이마저도 허용하지 않으며 그들을 수치심의 한가운데로 몰아 넣었습니다. 도망친 병사들에 대한 형벌을 최대한 가볍게 함으로써 오히려 그들의 수치심을 극대화시키고 이를 통해 병사들에게 잠재되어 있던 권토중래를 위한 에너지를 최대한 끌어내는 고도의 심리적 형벌을 가하는 것을 알 수 있습니다.

저는 그동안 수많은 학생과 학부모님들을 뵈어왔습니다. 사실, 학원생활 1년만 해도 초등부터 고등까지 다양한 학생을 만나게 되므로 학생들과 학부모님들에 대한 유형 파악을 꽤나 정확하게 할 수 있습니다. 물론, 선생님마다 다를 수는 있겠으나 최소한 저는 제 나름대로 이에 대한 분석을 꾸준히 하였으므로 지금은 학생과 몇 마디만 나누어도 그 학생이 어떠한 철학을 가지신 부모님 아래에서 자라고 있으며 이에 따른 그 학생의 결과(대학입시를 기준)는 확률적으로는 어느 정도 선까지 도달하게 될지 대략 제 머릿속에 그려지곤 합니다.

제가 지금 카이사르의 일화를 굳이 언급하는 이유는 대체로 많은 학부모님들께서 공통적으로 간과하고 계시는 부분이 있으신데 이에 대해 말씀드리기 위함입니다. 위의 일화에 빗대어 보면 패전한 병사는 시험에서 좋은 성과를 내지 못한 학생으로 생각해 볼 수 있고 총사령관은 학생을 책임지고 있으신 부모님들에 비유해 볼 수 있습니다. 대체로 시험을 망쳐 낙담한 자녀들을 보시면 부모님들이 가장 먼저 하시는 것이 학생에 대한 위로입니다. 물론, 저도 낙담한 자녀에게 위로부터 건네는 것은 당연한 일이라 생각하고 있습니다. 우울해하는 학생에게 잘못을 추궁해보았자 더 큰 갈등과 불화만 따라오기 때문입니다. 오히려 제가 말씀드리고자 하는 부분은 그 다음 단계에 관한 것입니다. 즉, 위로의 시간이 끝나고 학생이 어느 정도 마음을 추슬렀으면 그때부터는 이성적 분석을 진행해도 좋을 일인데 대체로 이 단계를 부모님들께서는 잘 해주시지 않으시는 것 같습니다. 물론, '분석은 학원에서 전문적으로 이루어져야 하는 것 아니냐?'는 반문을 하실 수도 있습니다. 분명, 그 말씀에는 일리가 있습니다. 하지만, 학원이라고 하는 곳은 특정과목을 일정시간 동안만 가르치는 곳이므로 학생의 공부 습관 전체를 분석할 수는 없습니다. 즉, 학생들이 집에 가서 과연 얼마나 많은 공부를 성실히 하였는지를 다 살펴보지 못하기 때문에 학원 선생님들은 자신들이 맡은 과목에 관한 분석만을 할 수 있을 뿐입니다. 학생이 어느 정도 멘탈을 회복하였다면 학원의 전문적인 분석과 더불어 가정에서 공부자세 전반에 대한 분석이 반드시 병행되어야 합니다. 물론, 그런 분석 과정에서 학생 본인은 때로는 수치스러움을 느낄 수도 있습니다. 그러나 중학교 시험이라고 하는 작은 전쟁에서조차 패배하였다고 느끼는 학생이라면 싫더라도 그 부끄러움에 정면으로 맞설 줄 알아야 합니다. 그래야 대학입시라고 하는 큰 전쟁에서 승리할 수 있습니다. 이 것마저도 하지 않은 채 좋은 게 좋다는 식으로 덮어버린다면 그 학생의 발전은 전혀 기대할 수 없습니다.

카이사르는 적을 앞두고 도망친 병사들에게 수치심이라는 심리적 형벌을 가하고 있습니다. 병사들은 그런 카이사르에게 이제는 잘 싸울 테니 제발 다시 적진으로 보내달라고 울며 매달리는 모습을 보여줍니다. 제가 발췌한 부분은 '내게도 생각이 있다'고 카이사르가 말한 것에서 글이 마무리되고 있습니다만 실제로 카이사르는 폼페이우스 군에 대한 입체적 분석을 통해 이후 벌어진 전쟁에서 완전히 창의적인 새로운 전법으로 대응하여 대승을 얻어내게 됩니다. 즉, 카이사르는 정말로 상황분석을 하였고 그의 전략을 부하들에게 잘 이해 시켰으며 부하들은 이해한 바를 그대로 실천하여 패배로 끝날 뻔했던 전쟁을 뒤집고서 결국 최후 승리를 거두게 된 것입니다.

학생에게 위로만 주어지고 그 이후의 분석이 뒤따르지 않으면 그런 학생에게는 역전의 기회가 절대로 오지 않습니다. 게다가, 일정 부분 심적 고통을 견뎌내는 시간이 꼭 필요한 학생으로 하여금 너무 빨리 그 고통에서 벗어나게 해준다면 이후부터는 오히려 그 학생의 심적타락 현상이 발생하게 됩니다. 아주 특수한 상황에 처한 몇몇 학생을 제외하고는 정상적인 가정에서 부모님의 조력을 잘 받으며 공부하고 있는 학생들이 학교 시험을 망쳤을 경우, 이에 대한 가장 큰 원인은 뭐니 뭐니해도 공부를 게을리한 학생 본인에게 있다는 것을 일단은 학생 스스로 인정을 해야 합니다. 자신의 부끄러운 점수가 스스로를 고통스럽게 할지라도 앞으로의 공부전략을 세우기 위한 분석은 꼼꼼하게 이루어져야 합니다. 학생이 따뜻한 위로만 받고 냉정한 분석을 하지 않은 경우 나중에는 오히려 '나도 최선을 다했는데 안 되는 것을 어떡하냐?'라는 궤변으로 부모님들께 목소리를 높이는 적반하장의 모습을 보이는 경우가 많습니다. 그러나 제가 분명히 말씀 드릴 수 있는 것은 학생 본인이 최선을 다하지 않았기 때문에 그런 결과를 받은 것입니다.

어머님들께 드리고 싶은 말씀은 진정으로 자녀를 위하신다면 절대로 온정주의에 입각한 위로 하나만으로 끝내지 마시기를 바랍니다. 물론, 한창 슬픔에 빠져 있는 학생에게 바로 냉정한 팩트를 전달하시라는 뜻은 전혀 아닙니다. 슬픔에 빠진 가녀린 존재를 위로하는 것은 분명 중요한 일입니다. 하지만, 그 단계가 일단 지나갔다고 생각되시면 다음 단계인 냉정한 분석을 꼭 함께 해주셔야 합니다. 그리고 학생이 잘못한 부분이 있었다면 단호한 질책도 확실히 해주셔야 합니다.

저는 '꽃길만 걸으세요'라는 말을 그다지 좋아하지 않습니다. 꽃길만 찾아 걸은 사람은 결국 최종적으로는 가시밭에 도착하게 됩니다. 오히려, 가시밭길을 마다 않고 걸어가야 최종적으로 꽃밭에 도달하게 됩니다. 남들에게는 편하게 '꽃길만 걸으세요'라는 달콤한 인사를 아무런 의도 없이 쉽게 건넬지라도, 사랑하는 내 자식에게만큼은 때로는 가시밭길도 걸어야만 하는 필요성에 대해 적극적으로 알려주셔야 합니다. 냉정한 지적은 받지 않은 채 그저 온정적인 위로만 받은 학생의 마음은 반드시 타락하게 됩니다. 타락의 정도가 지나쳐 그 증세가 외적으로 표현되기 시작하면 이미 그 학생을 바로잡는 것은 거의 불가능해집니다. 위로의 순간이 있었다면 현실을 직시하고, 반성할 것은 반성하며, 전략적 대응책을 구체적으로 세우는 시간을 반드시 가져야만 학생의 심적 타락을 막을 수 있고 반전의 기회도 잡을 수 있습니다. 이 세상을 살아가는 모든 사람들에게는 때때로 가시밭길이 반드시 필요합니다.

새해는 누구나 새로운 꿈을 가져 봅니다. 지난날을 돌아보기도 하고 무언가 달라질지도 모를 미래에 대한 희망을 품어보기도 합니다. 하지만 그러한 소망을 품는 것과 앞으로의 현실이 어떻게 펼쳐질지에 대해서 사실 별 상관관계가 없을지도 모르겠습니다. 당장 우리 발목을 잡고 있는 코로나 사태만 하여도 이렇게 오랫동안 계속될 것이라고 생각한 사람은 많지 않았을 것입니다. 많은 이들이 백신 접종률이 올라가고 일정 비율 이상의 사람들이 백신을 다 맞고 나면 자연스레 집단 방역이 형성되어 코로나의 재앙은 점점 약화될 것으로 기대했었지요. 하지만 코로나는 이런저런 변이를 거쳐 오미크론에까지 이르고 있습니다. 물론, 변이를 계속할수록 바이러스가 숙주를 죽게 하는 일은 오히려 줄어들기 때문에 '오미크론은 크리스마스 선물이다'는 이야기도 나오기는 하였으나 과연 그렇게 될지에 대해서는 누구도 쉽게 예단할 수는 없다고 생각합니다.

사실, 역사를 돌아보면 인간의 삶이 풍족하고 행복하게 펼쳐졌던 순간은 그리 많지 않다고 생각합니다. 문명이 성숙되기 전에는 그야말로 만인에 대한 만인의 투쟁상태였을 것이고 문명이 발달한 이후에도 이웃 나라들과의 전쟁은 이런저런 이유로 계속되어 왔지요. 전쟁이라는 것은 정치의 한 수단이므로 인간이 모여 사는 곳에서는 결코 사라질 수 없는 하나의 행동 양식이라고 보아야 할지도 모르겠습니다. 전쟁을 한정된 자원을 놓고 벌이는 다소 거친 외교 행위라고 표현한다면 너무 고상하게 미화시킨 것일까요?

저는 구글의 위키백과사전에서 재미난 것을 목격한 바 있습니다. 예전에 어떤 책을 읽으면서 '남만무역'이라는 단어가 나와 이것에 대해 좀 더 자세히 알아보고자 구글에서 검색을 해보았습니다. 이 단어를 검색하면 위키백과사전에서 다음과 같이 정의를 하고 있습니다.

남만무역은 16세기 중반부터 17세기 초기에 동아시아 및 동남아시아 해역에서 행해졌던, 일본 상인과 남만인 혹은 난반진, 즉 스페인과 포르투갈 상인, 이외에 명조 중국인, 유럽-아시아 혼혈인 간의 무역이다. 남만무역은 로마 가톨릭교회 예수회가 독점하여 관리하였다. 주 무역 품목은 노예와 소총 화약 등이다.

위키백과

제가 재미있게 보았던 부분은 바로 이 설명의 마지막 줄에 있습니다. 대체 가톨릭교회의 예수회라는 곳에서 관리하는데 주 무역 품목이 왜 노예와 소총, 화약이 되었을까요? 남만무역의 실체는 적어도 위의 설명만 놓고 보면 분명 노예무역과 전쟁 장사를 한 것에 지나지 않는데 여기에 왜 이런 것들을 가장 멀리하고 타도해야 할 종교단체가 독점까지 하며 관리하였을까요? 저는 이 부분이 재미있게 읽히면서도 참으로 이해가 되지 않았습니다. 하지만, 분명 그렇게 해야할 이유가 있었겠지요.

역사의 모순은 여기서만 발견되는 것은 아닙니다. 히틀러도 2차대전에서 패하지 않았다면 알렉산더 대왕이나 징기스칸처럼 영웅 대접을 받고 있을 것입니다. 제 또래의 남자들이라면 대부분 읽어보았을 나관중의 역사소설『삼국지』. 여기에 나오는 인물들도 제가 어렸을 때에는 한나라 황제를 볼모로 잡고서 전횡을 휘두르는 조조와 맞서 싸우는 인정 넘치는 유비와 그의 책사 제갈량이 가장 인기가 좋은가 싶더니 제가 대학생이 되면서부터 오히려 조조를 재평가해야 한다는 시각이 서서히 유행하기 시작하였고 언제부터는 삼국지 최후의 승자는 결국 사마의라면서 조조의 책사 사마의가 주목을 받는 등 시대의 변화에 따라서 사람들에게 인정받는 인물이 계속 변해왔습니다. 인간의 행동은 때로는 그 자체로 모순을 가지기도 하며, 그 행동을 해석하는 시각도 그때그때 완전히 180도 달라지기도 한다는 것을 이러한 예를 통해 잘 알 수 있습니다. 그렇다면, 왜 우리는 이런 식의 모순을 아무렇지도 않게 행하는 것일까요? 여러 가지 이유를 생각해 볼 수 있겠으나 제가 생각하는 정답은 바로 '생존가능성을 높이기 위해서 그렇게 한다'입니다.

그렇게 행동하는 것, 혹은 누군가의 행동에 대해 그렇게 해석하는 것이 지금 자신이 처한 상황에서 자기 자신 또는 자기가 속한 집단의 생존 가능성을 더 높여준다면 우리에게 더 이상 모순 따위는 중요한 문제가 아니라는 것이지요.

홍콩배우 여명과 유역비가 나왔던 2012년에 개봉한 〈초한지-천하대전〉이라는 영화가 있습니다. 그 영화에서 범증이 항우에게 어떤 사안에 대해 항우가 취해야 할 행동을 알려주었는데 시간이 흐른 뒤 범증이 완전히 다른 조언을 항우에게 다시 해주는 장면이 나옵니다. 이에 항우가 범증에게 왜 지난번과 반대의 주장을 하느냐고 따져 묻자 범증은 나직이 한마디 하였습니다.

"그때는 그때, 지금은 지금."

범증의 이 대답은 어쩌면 우리가 살고 있는 이 세상의 민낯을 여실히 보여주는 것은 아닐까요?

영어단어 'march'는 3월이라는 의미도 있으나 군대의 행군을 뜻하기도 합니다. 한 해가 가고 추위가 어느 정도 누그러지면 다시 전쟁을 준비해야 하지요. 전쟁을 왜 준비해야 할까요? 요즘은 먹거리가 풍족하여 다이어트를 고민해야 하는 시대이지만 아주 오랜 옛날로 거슬러 올라가면 식량을 확보하는 것이 여간 골치 아픈 문제가 아니었을 것입니다. 투입한 노동력에 비해서 식량 산출량은 턱없이 부족하였기에 식량 생산을 위한 노동력을 충분히 확보하는 것이 생존을 위한 가장 중요한 첫째 조건이 되었을 것입니다. 그러므로 이러한 노동을 수행할 많은 노예들이 필요했습니다. 봄에 전쟁을 통해 노예들을 확보하고 이들을 활용하여 식량을 생산한 뒤 겨울이 오면 이 노예들을 제물로 바쳤습니다. 부족한 식량으로 인해 노예들까지 먹여 살려줄 수는 없었을 것이고 그래서 이런 풍습이 생겼을 것으로 우리는 짐작해 볼 수 있습니다. 전쟁노예들의 목을 나무에 대롱대롱 매달아 축제를 벌인 뒤 축제가 끝나면 그 나무를 불로 태웠는데 이것이 크리스마스 트리와 마블 장식의 유래라고 하는 설이 있습니다. (물론, 이것은 기독교 사상에 근거한 설은 아닙니다.) 이 유래의 진위 여부를 현대를 살아가는 우리가 정확히 판정 내릴 수는 없겠으나 만약 이것이 사실이라고 가정한다면, 과연 집단을 이끌어 나가야 하는 책임을 짊어진 그 시대의 지도자들에게 연말과 새해는 어떤 의미로 다가왔을까요? 어쩌면 다시 시작되는 한 해 동안 또 한번 반복될 처절한 생존

투쟁을 성공적으로 해내기 위한 지혜를 짜내는 것이 이들이 신년을 맞이하며 해야 하는 가장 중요한 일이었을지도 모릅니다. 물론, 지금은 이런 식의 원시적이고 잔혹한 투쟁을 하는 시대는 아닙니다. 인류가 문명을 발전시키며 이런 처절한 투쟁 따위는 하지 않아도 되는, 그런 정도의 발전은 이루어냈기 때문입니다. 하지만, 생존을 위해 해결해야 하는 모든 과제가 완전히 사라진 것은 아니지요.

저는 한 시대를 살아가야 할 우리 학생들의 생존 가능성을 높여주기 위해 어떠한 전략으로 올 한 해 학생들을 지도할 것인지에 대한 생각을 하면서 새해를 맞이하곤 합니다. 학원에서 늘 치르는 시험에서 그동안 오르지 않던 점수가 드디어 오르기 시작하면 학생들은 매우 행복해하며 표정이 아주 밝아집니다. 그 표정이 도무지 숨겨지지가 않습니다. 물론, 숨길 필요도 없구요. 어쩌면 이것은 그 오랜 옛날부터 지금까지 생존을 거듭해온 인류의 유전자에 '생존 가능성'이 갖는 의미가 무엇인지 깊이 새겨져 있기 때문에 자신도 모르게 나오는 반응은 아닐까요? 시험성적이 올랐다는 것은 자신의 지적 역량이 증가했다는 것을 의미하고 이것은 그만큼 자신의 생존 가능성이 높아

졌다는 것을 뜻하기 때문에 시험점수 상승이 학생을 진심으로 행복하게 만드는 것은 아닐까요? 만약, 이러한 추론이 맞는다면 인간의 행복은 '생존 가능성의 정도'와 밀접한 관련을 가진다고 볼 수 있습니다. 생존능력이 더 좋아진 학생들이 많아진다는 것은 결국 앞으로 우리 공동체의 생존 가능성도 더욱 높아진다는 것을 의미합니다. 공동체의 역량이 증가한다는 것은 그곳에 속한 우리의 생존력도 더 강화된다는 것을 의미할 것이고 이는 결국 우리의 행복을 증대시키는 데 큰 역할을 할 것입니다. 이에, 저는 올해도 학생들의 생존 가능성을 높이기 위한 노력을 더욱 성실히 수행하고자 합니다.

08
동네 학원의 동네스러움?!

각 나라마다 깊이 있는 지식을 전달하는 훌륭한 교육기관들이 많이 있습니다. 미국에는 '아이비리그'라고 하는 대학들이 있고 한국에서는 이른바 '스카이'라고 하는 학교들이 있습니다. 하지만 곰곰이 생각해 보면 학생들에게 큰 영향을 주는 교육기관 중 결코 빠질 수 없는 것이 바로 어릴 적 누구나 다니는 학원이 될 것입니다. 어떤 학원에서 어떤 선생님을 만나는가에 따라서 학생의 미래가 전혀 다르게 변할 수 있습니다. 저도 청년기를 지나 장년기로 접어들려고 하는 지금까지도 기억에서 잊히지 않는 두 선생님이 계십니다. 한 분은 수학, 다른 한 분은 영어 선생님이십니다. 제가 학원에서 공부하던 시기에 바로 그분들을 만났기 때문에 공부에 관한 개념도 올바로 세울 수 있었고 실력도 효과적으로 향상시킬 수 있었다고 생각합니다. 사실 대학에서 만나는 교수님은 이미 성숙된 이후에 만나기 때문에 지적 역량을 넓히는 데는 많은 영향을 줄지 몰라도 새하얀 도화지 위에 공부라는 개념을 처음 스케치해주는 사람은 아닙니다. 하지만 어릴 적 만나게 되는 학원 선생님들은 학생이 공부 패러다임을 형성하는 데 있어서 최초의 밑그림을 그려주는 사람들이 될 수밖에 없습니다. 물론, 학교 선생님도 학생들에게 영향을 많이 미치겠으나 아무래도 관찰자적 입장에서 머무는 측면이 강하다면 학원 선생님은 시험 기간에 학생의 점수를 올리기 위한 공부를 학생들과 함께하기 때문에 훨씬 더 근거리에서 학생들의 고통을 공유하게 됩니다. 관찰자적 입장에서 학생을 관찰하는 것이 아닌 학생과 함께 동화되어서 점수향상이라는 어려운 과제를 함께 풀어내기 때문에 학생에게 미치는 학원 선생님의 영향력은 학교 선생님보다 훨씬 커질 수밖에 없습니다. 이러한 측면에서 보자면 학원 선생님의 역할을 가볍게 여길 수 없게 되고 학원을 선택하는 일이 결코 쉬운 일이 아니라는 결론에 이르게 됩니다.

요즘, 교육하는 사람의 입장이라고 하는 것이 참으로 쉽지가 않습니다. 일단, 선생님이라고 하는 이름이 갖는 무게감이 사라져버린 지는 오래되었습니다. 아무래도 점점 더 가부장적인 분위기를 지양하고 나이를 내세우기보다는 웬만한 사이는 친구처럼 지내는 것이 미덕인 것처럼 여기게 되는 우리 사회의 분위기가 선생님과 학생 사이에도 그대로 반영되고 있기 때문일 것입니다.

중학교 2학년이 되어서야 비로소 첫 시험을 치르는 현재의 제도도 때로는 가르치는 사람을 당혹하게 할 때가 있습니다. 저는 주로 세 가지 점에서 당혹스러움을 느끼게 되는 데, 첫째는 학생들과의 지적 소통이 어려운 데 있습니다. 초등학교 시절에는 시험을 치르지 않고 중학생이 되다 보니, 학생들의 어휘력이나 배경지식이 제가 예상하는 수준보다 낮은 경우가 많습니다. 그러다 보니 어떤 개념을 설명할 때 효율적으로 전달하기 쉽지 않다는 느낌을 받을 때가 있습니다. 둘째는, 시험에 대한 학생들의 인식에 있습니다. 초등학교 2학년 때부터 시험을 치러온 저희 세대는 중2쯤 되면 시험이라는 것이 갖는 성격에 대해 상당히 파악하고 있었습니다. 때문에 시험공부를 위한 전략을 세울 때에도 선생님과의 대화가 꽤 원활했던 것으로 기억합니다. 하지만 요즈음의 학생들은 학교 시험을 중2 때 처음 치르다 보니 이미 알고 있을 거라 여겼던 시험공부에 대한 주요 사안들을 사소한 것부터 일일이 알려주어야 하는 번거로움이 있습니다. 그마저도 일단 시험을 치른 이후에야 비로소 학생들이 온전히 이해하게 됩니다. 아마 중2학생 자녀들이 '아, 이제 시험이 뭔지 감 잡았어!'라고 말하는 것을 학부님들께서도 많이 보셨을 것으로 생각됩니다. 사실, 그런 감은 이미 잡고 있었어야 하는 것인데 그전까지 경험이 없다 보니 비로소 시험에 대한 첫 이해를 그때 하게 되는 것입니다. 셋째로, 시험을 치르는 시기가 늦다 보니 학원에서 공부를 시킬 때 학생들을 설득하기가 무척 어렵습니다. 중학생 시기가 굳이 공부의 당위성을 설명해야 하는 때는 아니라고 개인적으로 생각하고 있습니다. 그런 것은 이미 초등학교 시절에 충분히 느끼고 중학교부터는 학생의 모든 수업 시간을 실력을 쌓는 데 오롯이 바쳐야 한다고 생각합니다. 그러나 그동안 시험을 치르지 않다 보니까 학생들은 자신의 공부 성과가 어느 정도인지에 대한 파악이 전혀 안 되어 있고, 또 공부라는 것이 막상 하게 되면 결코 쉬운 일이 아니라는 것에 대한 실감도 거의 못 하고 있습니다. 학생들은 별다른 공부를 하지 않은 채 지금까지의 인생을 순탄하게 살아왔을 것이고 그러다 보니 앞으로도 그런 삶이 이어질 것이라고 막연하게 생각하는 경향이 강한 것 같습니다. 이 부분에 대한 학생들의 판단착오를 바로잡아 주기 위해 공부의 중요성을 새삼 일깨워주어야 하는데 이러한 노력에 시간이 꽤 많이 들어갑니다.

저는 시험이라는 것이 학생들의 실력을 향상시켜주는 데 매우 효과적일 뿐만 아니라 공부가 얼마나 중요한 것인지 일깨워주는 역할도 톡톡히 한다고 생각합니다. 분명 시험은 학생들을 고통스럽게 합니다. 하지만, 그럼에도 불구하고 시험을 지속적으로 치르면 학생들은 '이렇게 힘든 것을 부모님과 선생님이 우리에게 해야 한다고 계속 강요하는 것을 보니 공부가 중요하긴 중요한 건가봐.'라는 인지를 어느 정도 하게 된다고 봅니다. 하지만 현재는 무려 초등학교 6년 동안 한 번도 시험이 없고 중학교에 와서도 2학년 때 비로소 시험이 시작되다 보니 오히려 학생들은 '공부라는 것이 해도 그만, 안 해도 그만이니까 그동안 시험이 없었던 것 아니겠어? 잘하면 좋겠지만 못하면 못하는대로 살면 되지.'라는 생각을 자연스레 하게 되는 것 같습니다. 만약 시험 치는 횟수가 지금보다 더 줄어든다면 어떻게 될까요? 이제는 정말로 공부를 하찮게 여기는 풍조가 학생들 사이에 퍼지지나 않을까 우려됩니다.

인간이 나이가 들어가면서 젊었을 때보다 매사에 조심스러워지는 이유는 좋은 의도로 야심 차게 했던 일들이 정반대의 결과를 가져오는 경우가 많다는 것을 점점 더 알게 되기 때문이라고 생각합니다. 어렸을 적에는 무언가 세상일이 내 머릿속 생각대로 흘러갈 것 같지만 막상 이런저런 일들을 해보고나면 내 생각대로 흘러가는 것은 거의 없다는 것을 깨닫게 됩니다. 입시지옥이라는 표현은 이미 오래전부터 존재해 왔습니다. 우리는 학생들이 힘들게 공부하는 것이 마음 아픈 나머지 입시지옥에서 그들을 탈출시켜주고 싶은 욕구를 늘 느끼곤 합니다. 이러한 여론이 그동안 계속 교육제도에 반영되면서 지금에까지 이르게 되었습니다. 교육은 한 사람으로 하여금 사회에 기여할 수 있는 생산능력을 향상시키기 위한 것이기 때문에 힘든 훈련이 될 수밖에 없습니다. 즉, 우리가 아무리 학생들의 공부에 대한 부담을 줄여주려고 해도 학생들은 언제나 힘들다는 이야기를 할 수밖에 없는 것입니다. 이러한 특성을 간과한 채, 지적 훈련과정을 계속 줄여나가게 되면 더 많은 교육을 원하는 사람들은 오히려 사교육의 역할에 더 기대게 될 것이고 이로 인해 공부 양극화는 심화될 것입니다. 모든 사람을 똑같이 잘살게 하겠다는 한 철학자의 순수했던 생각이 가장 극단적인 계급사회를 만들어 버렸듯, 입시지옥에서 탈출시키려 하는 학생들을 향한 우리 사회의 온정적 노력이 오히려 극단적인 교육계급을 만들어 버리지나 않을까 우려가 되기도 합니다. 우리 사회의 교육 방향성이 어떻게 흘러갈지는 누구도 정확히 예측할 수 없습니다. 어떠한 흐름이 형성되더라도 학원은 학원 나름의 역할을 잘 해내면 될 것입니다. 저는 우리 학원의 학생들에게 이 사회의 리더로 자라날 수 있도록 교육하는 것이 불확실성에 둘러싸인 학생들의 미래에 가장 도움이 되는 해법이라고 생각합니다. 그래서, 저는 학원생들에게 늘 제가 생각해 왔던 리더교육을 성실히 적용하고 있습니다. 제가 추구하는 리더교육은 특별한 것이 아닙니다. 온고지신의 정신으로 예전부터 우리 사회가 추구했었던 교육에 관한 몇 가지 덕목을 적절히 응용하여 적용하기만 하면 됩니다. 제가 적용하는 몇 가지 덕목은 다음과 같습니다.

- 저희 학원은 학생들에게 끌려다니는 식의 교육은 하지 않습니다. 학생들의 눈치를 살피며 할말을 하지 않는 것이 아니라 학생들의 잘못은 정확히 지적하면서 그 옛날 각 학교마다 계셨던 호랑이 선생님, 그런 분들이 하셨던 것처럼 정신을 바짝 들게 하는 엄한 훈계도 필요할 때는 실천으로 옮깁니다.

- 약속의 중요성을 학생들에게 분명히 인지시킵니다. 숙제를 해오는 것, 지각하지 않는 것은 학생들이 실천해야 하는 중

요한 요소라고 생각합니다.

- 학부모님들께 드려야 하는 피드백은 반드시 드립니다. 사실, 이 부분이 쉽지 않습니다. 학생이 학원에서 좋은 모습을 보여 피드백을 드릴 때는 어려움이 없지만 모든 학생이 그렇지는 않습니다. 학원을 운영하는 입장에서 학생의 문제점을 학부모님들께 말씀드린다는 것이 때로는 부담으로 다가올 때도 있습니다. 그냥 적당히 눈을 감고 넘어갈까, 하는 생각이 드는 것도 사실입니다. 하지만 학생의 미래가 달린 일이기에 이제껏 한 번도 적당히 넘어갔던 적은 없습니다.

- 한 사람이 일생을 살아갈 때에는 어느 정도 스트레스와 고단함이 있을 수밖에 없다는 것을 인정할 때 비로소 인생에 대한 올바른 시각을 가질 수 있듯이 공부하는 데 있어서도 어느 정도 스트레스와 어려움이 있을 수밖에 없다는 것을 학생들에게 분명히 인지시킵니다. 과정과 결과가 모두 행복한 공부는 있을 수 없습니다. 과정이 힘들었다면 행복한 결과가 따를 것이고 과정이 편했다면 결과는 미약할 것입

니다.

권리나 자유는 굳이 누군가 가르쳐주지 않아도 대체로 스스로 자각하게 됩니다. 하지만, 약속 준수와 책임은 교육을 통해서만 배울 수 있습니다. 사실 공부를 잘하는 학생은 머리가 좋아서 잘한다기보다는 자신에게 주어진 학생이라는 역할을 잘 인식하여 책임감 있는 자세로 그 역할을 수행한 결과로서 잘하게 된 것입니다. 그리고 그런 학생들은 훗날 어른이 되어 어느 곳에서 일을 하든지 간에 반드시 리더의 반열에 오르게 된다고 생각합니다. 우리나라보다 훨씬 더 자유로운 분위기를 가진 국가들에서조차 리더를 양성하기 위한 교육기관에서만큼은 엄격한 규율을 정하여 학생들에게 실천하도록 한다는 사실만 보아도 리더교육의 핵심은 책임감 양성에 있다는 것을 짐작할 수 있습니다.

동네학원은 그저 동네스러울 뿐이고, 큰 명성을 가진 유명 교육기관만이 세계적 인재를 키워낼 수 있는 것일까요? 오히려 세계적인 유명 교육기관에 선발되어 들어갈 수 있을 만한 실력을 쌓는 데 있어, 그 시작점은 분명 동네 학원에 있습니다. 학생들의 새하얀 도화지 위에 '책임감'이라는 세 글자를 깊게 새겨넣어 학생들을 세계적으로 통용되는 유능한 인재로 성장시키는 그런 동네학원이 되고자 합니다.

09
닌텐도의 영향력, 학원의 영향력!

　세상을 살아가다 보면 때때로 획기적 발전의 순간을 목도하게 되는데 이는 우리의 삶에 큰 즐거움을 주기도 합니다. 서태지의 등장이 그랬고 2002년 한국축구 대표팀의 월드컵 4강 진출이 그랬습니다. 사실, 제게는 또 하나의 충격적 사건으로 기억되는 순간이 있는데 그것은 바로 8살 때 친구 집에서 '슈퍼마리오'라는 게임을 처음 접했을 때였습니다. 물론, 저도 이미 대우전자에서 나온 '재믹스'라는 게임기를 가지고는 있었으나 닌텐도의 게임은 그것과는 비교조차 할 수 없는 완전히 새로운 세계였습니다. 아직 한국에 정식 수입되기 전이었던 닌텐도 게임기는 아버지가 일본에 출장을 다녀온 적이 있는 친구들만이 가질 수 있는 희소성이 아주 높은 보물이었지요. 마치, 그 가치는 뭐랄까, 어머님들께 와닿게 비유해 보자면 에르메스의 한정 수량 버킨백이라고나 할까요? 제가 3~4학년 정도 되었을 때 비로소 패미컴이라는 이름으로 닌텐도 게임기가 한국에 수입이 되기 시작했고 그때서야 저도 닌텐도 월드를 마음껏 탐험할 수 있었습니다.

제가 중학교 1학년이 되던 해부터 전자게임을 완전히 끊었기 때문에 그 이후 닌텐도 게임이 어떻게 발전해 왔는지에 대한 체험적 지식은 별로 없습니다. 단지, 닌텐도라는 게임회사의 이름만이 제 무의식의 영역 어딘가에 남겨져 있었던 것 같습니다. 제가 대학생이 되어 마케팅수업을 듣던 중 교수님께서 이제 곧 마이크로소프트에서 엑스박스라는 게임기가 나올 예정이고 이것이 세상에 나오면 게임시장 판도는 완전히 달라질 수 있다는 내용의 설명을 해주셨습니다. 그때 저는 오랫동안 잊고 있었던 단어 닌텐도가 문득 떠올랐습니다. 그 당시 게임시장을 완전히 제패하고 있는 콘솔게임은 일본의 대표 전자회사 소니에서 나온 플레이스테이션이었습니다. 게임 마니아들은 거의 모두가 압도적 기술력으로 무장된 플레이스테이션 게임에 매료되어 있었고 닌텐도는 그 입지가 매우 좁아져 있었습니다. 슈퍼마리오의 라이벌 캐릭터 소닉으로 히트를 쳤던 세가는 이미 콘솔게임 시장에서 퇴출될 위기에 빠져 있었고 마이크로 소프트의 엑스박스가 등장할 때쯤에는 실제로 완전히 철수를 단행하였습니다. 하지만 슈퍼마리오의 아버지 미야모토 시게루와 천재 프로그래머 사장 이와타 사토루가 있는 닌텐도는 세가와 달리 거대 공룡들의 틈바구니에서 포기하지 않고 통쾌한 반격을 시도하였습니다. 우선, 이들은 두 개의 화면이 있는 것을 특징으로 하는 닌텐도DS라는 휴대용 게임기를 출시하여 반격의 실마리를 잡았고, 이후 닌텐도 위(wii)라고 하는 완전히 새로운 방식의 콘솔 게임기를 등장시키면서 위기의 닌텐도를 다시금 최고의 게임회사로 탈바꿈시켰습니다.

이 당시 저는 게임을 하지 않은 지 이미 너무나 오래되었기에 새삼 닌텐도DS나 닌텐도 위(wii)를 즐기는 게이머는 전혀 아니었습니다. 하지만, 경영을 공부한다는 관점에서 닌텐도라는 회사를 계속 주목하고 있었고 획기적인 아이디어를 통해, 소니와 마이크로소프트보다 기술적 열위에 있었음에도 불구하고 결코 짓눌리지 않고 다시 우뚝 일어서는 한 회사의 통쾌한 반전을 목격할 수 있었습니다. 닌텐도DS와 닌텐도 위(wii)가 출시될 당시, 닌텐도 사장은 이미 언급한 바와 같이 이와타 사토루였습니다. 그리고 그에게는 든든한 우군 미야모토 시게루가 있었습니다. 새로운 형태의 게임기를 만들어 블루오션을 개척하겠다는 결단은 사장인 이와타 사토루의 몫이었을 것이고, 새 하드웨어에 걸맞은 참신한 소프트웨어 개발은 슈퍼마리오의 아버지 미야모토 시게루의 몫이었을 것입니다.

그리고 닌텐도는 지금까지도 전 세계의 수많은 사람들에게 지대한 영향을 미치고 있습니다. 하지만 이미 어른이 된 제게 있어 닌텐도는 그저 추억의 이름일 뿐입니다. 그리고 지금은 경영의 관점에서 객관적으로 바라보는 대상에 더 가깝지요. 옛날 게임을 우연히 보게 되면 어릴 적 즐거웠던 기억이 약간 떠오를 뿐, 굳이 미야모토 시게루나 이와타 사토루를 향해 영혼에서 우러나는 감사함을 가지고 있지는 않습니다. 그냥, 약간 고마울 뿐이지요. 이러한 관점에서 보자면 닌텐도가 많은 사람들에게 영향을 미치기는 하지만 특정 개인의 삶에 결정적으로 깊이 있게 영향을 미치는 것은 아닙니다. 오히려 학생들에게 직접 공부를 가르치는 선생님이 개인의 삶에 더 지대한 영향을 미치는 것은 아닐까요? 학생 한 명 한 명에 주목한다면 닌텐도라는 회사의 게임 개발자들보다 동네 학원의 선생님들이 그 학생의 삶에 훨씬 더 큰 영향을 미치고 있을 것이라고 저는 확신합니다. 게다가 학원은 학생들이 가장 하기 싫어하는 공부를 시키는 곳입니다. 학생 개개인을 깊이 있게 이해하고 그 학생의 특성에 맞추어 소통해야 이 작업을 원활하게 할 수 있습니다. 그렇기 때문에 학생들을 가르치는 사람은 인간에 대한 본질적 이해가 있어야 하고 올바른 철학을 전수할 줄 아는 지혜를 갖춰야 합니다.

저는 닌텐도 사장 이와타 사토루가 아닙니다 동네 학원을 운영하는 원장일 뿐입니다.

하지만, 이 사실이 제게는 오히려 남다른 자부심을 가질 수 있는 충분한 이유가 되어주고 있습니다.

10

비트코인, 금, 달러, 주식 그리고 자녀교육!
아버님, 어디에 투자하시겠습니까?

가장의 어깨는 무겁기만 합니다. 처음 살아보는 100세 시대에 가족들의 경제문제를 해결해야 하는 아버님들의 고민은 더욱 깊어질 수밖에 없을 것입니다.

물론, 꼭 100세 시대의 도래가 아니라고 해도 누군가 투자를 통해 큰 수익을 냈다는 이야기를 듣게되면 대부분의 사람들은 많은 관심을 가지곤 합니다. 우리나라에서 부동산 투자는 불패신화를 여전히 유지하고 있습니다. 하지만 투자금액이 많이 들어가기에 좋은 물건이 있어도 아무나 쉽게 접근하기는 어렵습니다. 그리고, 90년대 초반 일본에서는 이미 부동산 가격 붕괴가 발생하여 불패신화가 처참히 무너졌던 적이 있습니다. 이에 현재, 한국의 부동산 가격도 당시의 일본처럼 많은 버블이 있는 것은 아닌가 하는 염려를 하지 않을 수 없습니다.

근래에 가장 핫했던 투자상품은 뭐니 뭐니해도 비트코인을 비롯한 여러 가상화폐입니다. 금본위제에서 신용화폐를 거쳐 암호화폐에 이르기까지 우리의 가치교환 수단이 실질가치가 있는 것에서부터 점점 실실가치가 없는 쪽으로 변화해온 추세를 고려하면 사람들이 암호화폐에 많은 관심을 갖고 그 미래에 대해 이런 저런 생각들을 해보는 것은 너무도 자연스럽고 당연한 일입니다. 하지만, 암호화폐가 미래의 주된 화폐가 된다는 것과 내가 지금 투자한 특정 화폐가 미래의 주역이 될 수 있다는 것은 전혀 다른 이야기일 것입니다. 더구나 최근 여러 암호화폐의 급격한 가치하락을 생각한다면 비트코인이나 이와 유사한 화폐에 투자하는 것 역시 마음 편히 할 수 있는 일은 아닙니다. 게다가 암호화폐는 디지털코드에 지나지 않으므로 특정 가격에 그것을 사겠다는 의도를 가진 사람이 아무도 없게 되면 그 가치를 지지해줄 만한 명분이 현재로서는 전혀 존재하지 않습니다. 이에, 그 옛날 17세기 네덜란드에 불어닥쳤던 튤립광풍의 데자뷔가 반복되지 않을까 하는 우려도 지울 수가 없습니다.

주식투자의 어려움은 익히 알려져 있는 사실이므로 굳이 언급하지 않아도 좋을 것입니다. 그러면 안정자산으로 알려진 금 투자는 어떨까요? 금가격 상승이라는 것은 경제에 대한 불안, 전쟁의 가능성 등이 있을 때 금에 대한 사람들의 선호에 의해 생겨나게 됩니다. 즉, 이러한 불확실성이 제거되고 나면 그 가치는 다시 하락하게 될 것입니다. 더구나 대체로 투자라고 하는 것은 위험이 높은 투자에서 성공했을 때 큰 수익을 얻게 되므로 안정자산이 엄청난 수익을 내는 아이템이 되지는 않습니다. 미국의 금리인상 기조에 맞추어 달러 투자를 고려해볼 수도 있지만 양적완화라는 이름하에 엄청난 달러가 시장에 풀려나오는 쪽으로 태세 전환을 하기는 참으로 쉬운 일이기에 현재의 기조가 언제 또 반대가 될지 모를 일입니다.

결국, 장기적으로 내 마음을 든든하게 해주는 단 하나의 투자는 존재하지 않습니다. 그때그때 시장의 상황을 보면서 질묘하게 포트폴리오를 구성하는 것이 최선의 전략이 될 것입니다. 하지만, 아무리 전략을 잘 세운다고 해도 개인투자자가 질 높은 고급 정보를 획득하기가 쉽지 않다는 또 다른 한계가 있습니다. '투자'라는 것에 대해 과도한 공포를 가질 필요는 없겠으나 안심하고 할 수 있는 종류의 일은 분명 아닙니다.

이에, 저는 새로운 관점을 한 가지 제시해 보려 합니다. 자녀에 대한 교육을 주식이나 부동산 등에 대한 투자의 개념과 동등하게 놓고서 한번 비교해 보자는 것입니다. 어차피, 투자활동의 의의는 내가 들인 비용보다 더 많은 수익을 내는 데 있습니다. 자녀 교육에 별로 힘쓰지 않아 내 자녀가 훗날 저임금의 직장을 가지게 되거나 혹은 취업 자체가 어렵게 되어 버리면 이것은 고스란히 나의 부담으로 다가오게 될 것입니다. 비용이 계속 발생하게 되지요. 하지만, 적극적으로 공부를 시켜서 고수익 근로자로 자녀를 키워내면, 자녀가 성인이 되었음에도 불구하고 비용이 계속 들어가게 되는 최악의 상황을 피할 수 있습니다. 이것만으로도 엄청난 비용절감효과를 보게 됩니다. 게다가, 자녀가 억대이상의 연봉자가 된다면 그리고 때마침 어릴적부터 '효'에 대한 개념까지 잘 교육시켜두었다면 자녀로부터 꽤 두둑한 용돈이 꾸준히 들어오게 되고, 이것은 2055년에 고갈이 예상되는 국민연금보다 훨씬 더 든든한 연금이 되어 줄 것입니다.

잘 자란 자녀가 꾸준히 황금알을 낳는 거위 역할을 해주는 격입니다. 그리고 곰곰이 생각해보면 자녀교육은 절세의 효과까지 누리게 해줍니다. 내가 돈을 아껴서 열심히 모은 뒤 훗날 내 자식에게 그 돈을 물려주게 되면 나라에서 상속세를 가지고 간 남은 액수만큼 내 자식에게 돌아가게 될 것입니다. 하지만, 내가 그 돈을 자녀교육에 아낌없이 투자하여 내 아이를 고액연봉자로 키워내면 내가 자녀에게 물리적인 형태의 재산을 상속 해준 것은 아니므로 나라에서 가져갈 세금은 하나도 없습니다. 하지만 내 아이는 내가 만들어준 능력이라는 무형자산을 가지고 직장에서 고액연봉으로 교환하면 됩니다. 시간이 흘러 내 자녀의 부가 쌓이고 나면 그 속에는 결국 내가 물려주려했던 재산의 크기가 포함되어 있을 것입니다. 가장 완벽한 절세가 이뤄진 셈입니다.

물론, '공부를 잘하는 것이 뜻대로 되는 쉬운 일이 아니지 않느냐?'는 의문이 있습니다. 이 부분에 대한 확실한 해답이 없다면 자녀교육에 대한 투자도 그 성공이 불확실해질 수밖에 없습니다. 당연히 공부는 쉽지 않습니다. 공부 좀 했다고 해서 누구나 다 성적이 손쉽게 오를 수 있다면 공부 때문에 고생할 사람은 아무도 없을 것입니다. 하지만, 제가 그동안 여러 학생을 가르치면서 늘 확인하게 되는 변치 않는 사실은 공부는 절대 노력한 사람을 배신하지 않는다는 점입니다. 노래를 잘하는 것, 운동을 잘하는 것, 그림을 잘 그리는 것 등등은 재능을 타고난 사람을 그렇지 않은 사람이 노력만으로 따라잡기가 무척 어렵습니다. 하지만 공부는, 의학적인 관점에서 지적 역량에 일정 부분 한계가 있다는 판정이 내려지는 경우만 아니라면, 그 누구라도 노력으로 얼마든지 자신이 원하는 결과를 얻어낼 수 있습니다. '고등학교 공부는 머리싸움이 아니라 엉덩이싸움이다'라는 말은 제가 학교다닐 때에도 누누이 들어온 말입니다. 이 말에 개인적으로 무척 공감하고 있고, 반론을 제기하는 사람도 별로 보지 못했습니다. 아무리 머리가 좋아도 더 오래 공부하는 사람을 쉽게 이길 수는 없습니다. 경쟁이 치열한 고등학교 공부도 그러한데 중학교 공부는 어떨까요? 남들보다 조금만 더 일찍 시작하고 남들보다 조금만 더 오래해도 그 효과는 고등학교 공부보다 훨씬 좋을 것입니다. 공부는 하는 만큼 반드시 성과를 돌려줍니다. 비트코인, 주식 등등과 달리 '공부'는 열심히 하는 사람이 반드시 최후의 승자가 되는 그런 세계입니다.

투자에 관심이 많으신 아버님들께 간곡히 말씀 드립니다.

"가정의 화목한 미래를 위해 자녀 교육에 아낌없이 투자하십시오. 주식, 환율 지표뿐만 아니라 자녀의 성적표에 세심한 관심을 가져주십시오. 아버님의 성공적인 투자에 저희 학원이 든든한 동반자가 되어드리겠습니다."

11

학원 앞 공용 복도에서 학생들이 떠들면
반드시 조용히 시키는 그런 학원

요즈음 뉴스를 통해 접하게 되는 학생들의 일탈에 관한 소식은 때때로 사람들의 간담을 서늘하게 만들기도 합니다. 조직폭력배들이나 할 것 같은 범죄를 아무렇지도 않게 행하는 일부 10대들의 뉴스를 접할 때면 학부모님들의 불안감은 더욱 고조될 것이라 생각됩니다. 학교폭력의 심각성은 당하는 학생에게는 삶을 마감하고 싶다는 극단적 생각까지 하게 만들지만 이것을 차단하기 위한 학교의 대책이라는 것은 사실상 그다지 효과적이지 못한 경우가 더 많습니다. 게다가 요즘은 학생 한번 잘

못 혼냈다가는 선생님이 오히려 온갖 불명예를 떠안는 일이 빈번하다 보니 선생님들도 적극적으로 나서기가 어려운 것이 사실입니다. 예전 같으면 학교에서 다스려졌어야 하는 학생들의 잘못된 습성이 전혀 학교에서 교정되지 못하고 있고 그러다 보니 교정되지 않은 학생들의 행동들이 고스란히 사회에서 드러나는 것을 목격하게 되지요. 이러한 추세가 이제라도 좋은 방향으로 향하게 된다면 좋겠지만 현재까지는 오히려 악화될 조짐은 보여도 완화될 것 같지는 않습니다. 솔직히 요즘 학교의 학생 장악력은 이미 없는 거나 다름없습니다. 물론, 입시에서 학생부 기록의 비중을 높이며 선생님의 펜 끝에 힘을 실어주기도 했지만 어차피 대학갈 생각이 없는 일부 학생들에게는 이 조치가 아무런 효과를 발휘하지 못하고 있습니다.

저도 학생들의 교육과 관련된 일을 하는 사람으로서 우리나라의 공교육이 든든한 기둥이 되어 지역의 각 학교들이 인재의 산실로서 우뚝 서기를 진심으로 바라고 있습니다. 사실 학원이라는 곳은 학교 교육만으로 미처 수업을 다 따라가지 못한 학생들을 위해 보충을 해주는 정도가 가장 좋다고 보고 있습니다. 많은 학생들이 학교수업에서 대부분 수업내용을 소화해내되, 보충이 좀 더 필요한 학생들만이 학원을 활용함으로서, 학원은 그야말로 보조바퀴 정도의 역할만을 하는 것이 가장 이상적이라고 봅니다. 하지만 현재 학교의 학생 장악력이 크게 떨어져 있다 보니 선생님의 통제가 통하지 않는 학생들이 많고 그런 학생들과 한 교실에서 섞여서 공부하다 보니 학교 수업이 비효율적으로 진행될 수밖에 없습니다. 10명의 학생 중 단 1명의 학생이 장난을 쳐도 수업의 효과는 80% 정도로 히락하게 된다는 것이 제 생각입니다. 만약 10명의 학생 중 절반에 가까운 4명 정도의 학생들이 수업시간에 딴소리를 하는 등 수업을 방해하면 그 수업의 효과는 50% 아래로 감소하게 될 것입니다. 선생님의 통제력이 통했던 과거에는 선생님의 호통 섞인 지도로 이러한 학생들의 행동을 억누르며 수업을 진행할 수 있었지만 요즘 같은 세태에서 학생들에게 호통을 치는 선생님은 있지도 않겠거니와 있다 한들 학생들이 그러한 호통을 그다지 귀 담아 듣지도 않을 것입니다. 오히려 자신의 기분을 상하게 했다며 선생님에 대한 적대감을 갖는 학생들이 많아져 그 선생님의 수업 운영이 더 어려워질 수도 있습니다. 즉, 선생님의 통제가 통하지 않는 학생이 1명만 있어도 수업이 쉽지 않은데 시간이 지날수록 더 많은 학생들이 선생님의 통제력 상실을 눈치챌 것이고 그러한 학생들이 늘어갈수록 수업은 의미 있게 진행되기 어려울 것이라는 사실은 불을 보듯 뻔한 일입니다.

문제의 원인을 알아도 해결책이 딱히 없다는 것이 사실 더 큰 문제입니다.

공교육이 이러한 위기 상황에 있다보니 사교육에 대한 학부모님들의 의존 현상은 더욱 높아질 수밖에 없을 것입니다. 의미 있는 수업을 사교육에서 찾아야 하는 셈이지요. 하지만, 사교육도 사교육 나름입니다. 대부분은 그다지 효과적인 대안이 되지는 못합니다. 수업을 방해하는 학생들을 최대한 배제하면서 의미 있는 공부를 시키려는 노력을 학원이 적극적으로 한다면 그나마 대안이 될 수 있지만 학원도 다니는 학생 한 명 한 명이 학원의 수익과 직결되다 보니 웬만하면 모두 입반시키는 경우가 더 많습니다. 단지, 공부를 잘하는 학생들은 학원 내 잘하는 반에 들어갈 것이고 그런 학생들이 모여 있는 한두 반 정도는 의미 있는 수업이 진행되겠으나 잘하는 반에 들어가지 못한 대부분의 학생들은 학원에서도 의미 있는 수업을 받기가 어렵지요.

'맹모삼천지교'. 공부할 좋은 환경을 찾기 위해 맹모가 얼마나 노력하였는지를 잘 보여주는 옛말입니다. 하지만, 이 고사를 본받아 교육열이 뜨거운 지역으로 이사간다는 것이 그리 쉽지 않습니다. 주거라고 하는 것은 학부모님들께서 다니시는 직장과도 깊은 연관이 있다 보니 자녀만을 위해 교육열이 뜨겁다는 지역으로 쉽사리 옮겨갈 수도 없는 노릇입니다.

저는 공부를 열심히 하기를 원하는 학생들이 다른 것은 신경 쓰지 않고 마음 편하게 공부에만 집중할 수 있는 학원을 만들고자 노력하고 있습니다. 학부모님들께서 군이 서울의 대표 교육명소로 이사가시지 않으셔도 괜찮을 그런 학원이 이 지역에 하나 정도는 있어야 하지 않겠습니까?

이를 위해 저는 몇 가지 원칙을 반드시 실천하고 있습니다.

(1) 아무 학생이나 받지 않고 공부할 의지를 가지고 있는 학생만을 받으려고 노력합니다. 물론, 이러한 노력을 기울여도 수업의 효과성을 저해할 수 있는 학생들을 완전히 걸러내는 것은 불가능합니다. 하지만 최대한 노력을 해서 기존 학생들에게 학습방해가 되지 않도록 공부할 의지를 확실히 가진 학생만을 받으려는 노력을 지속할 것입니다. 솔직히 저도 오겠다는 학생 다 받아서 더 빨리 원생 수를 늘려 수익을 극대화하고 싶은 유혹을 느끼지 않는 것은 아닙니다. 공부를 진심으로 열심히 하고자 하는 학생이 얼마나 되겠습니까? 대부분은 적당히 공부하고 놀기를 원하는 학생들이 훨씬 많을 것입니다. 이러한 점을 감안하면 공부할 의지를 확실히 가진 학생들만을 받는다는 것이 학원의 마케팅 전략으로서는 오히려 실이 될 수도 있습니다. 하지만 저의 사욕보다는 학생들에게 진정으로 도움이 될 수 있는, 그런 학원 운영을 지속하겠습니다.

(2) 학생을 꾸중할 필요가 있다고 판단될 때에는 분명히 꾸중을 합니다. 위에서 언급했듯 학교 교육이 그 역할을 하지 못하는 가장 큰 원인이 바로 선생님들의 학생 장악력 상실에 있다고 보고 있습니다. 학교뿐만 아니라 학원도 학생 수 한 명 한 명이 학원의 수익과 직결되다 보니 적지 않은 학원장 분들이 학생들의 눈치를 보기에 급급합니다. 수업을 진행하는 선생님이 공부에 집중하지 않거나 숙제를 안 해오는 학생을 혼내기라도 하면 오히려 선생님을 불러서 '그러다가 그 학생들 나가면 네가 책임질 거냐?'는 식의 질타를 하고는 합니다. 하지만 저는 절대 그렇게 하지 않습니다. 저는 오히려 분명히 짚어야 하는 학생의 잘못은 꼭 지적하고 필요하다면 학생에게 꾸중해도 좋다고 저희 선생님들에게 이야기하고 있습니다. 선생님이 학생 눈치 보느라 할 말을 못할 때 그 손해는 결국 학생에게 가고 그러한 학생들이 점점 많아질 겁니다. 그들이 결국 그런 마인드로 우리 사회에 진출하게 되었을 때에는 그 손해가 고스란히 사회 구성원 모두에게 돌아가게 될 것입니다. 저는 요즘 부정적인 단어인 꼰대로 지칭되는, 하지만 실상은 우

리에게 도움이 되는 입바른 소리 해주시던 어른들이 사라지고 있다는 것에 많은 아쉬움을 느끼고 있습니다. 학생을 가르치는 사람은 학생을 위해 입바른 꼰대의 역할을 해주어야 합니다. 비록 당장은 학생으로부터 '분노의 화살'을 사정없이 맞는다 할지라도 그게 무서워 할 말을 하지 않으면 학생이 바로 자랄 수 없습니다.

제가 군대에 갔을 때 만났던 우리 부대 행보관(행정보급관)님이 있습니다. 그분이 어느 날 병사들을 모아놓고 이런 이야기를 한 적이 있었습니다. "애들아, 원래 행보관과 병사들은 사이가 좋을 수 없어. 왜냐하면 행보관은 일을 시켜야 하는 입장이고 병사들은 그 일을 해야 하는 입장이니까. 아무튼 나는 부대에 필요한 일이라고 판단이 되면 그 일을 시키는 사람이니까 그렇게 알고서 복무에 임하도록 해." 행보관님의 이 말씀대로 제가 이등병 시절 우리 부대의 고참들은 이런저런 훈련과 작업을 시키는 행보관님의 뒷담화를 열심히도 해댔습니다. 자기들을 힘들게 한다는 이유에서 말이지요. 하지만 그들 모두 제대를 한 뒤에는 그 행보관님에 대한 평가가 많이 달랐을 것이라고 짐작합니다. 실제로 제가 그 행보관님에 대해 가졌던 생각은 '아! 군대에 저런 분이 있으니까 우리 나라 군대가 돌아가는구나!' 하는 것이었습니다. 저도 병사일 때는 힘들기도 했지만 제대한 이후 지금까지도 자기 일을 정말 열심히 하고자 했던 그 행보관님이 가끔 생각나곤 합니다.

학생들로부터 받게 될지도 모를 '비난의 화살' 같은 것은 두려워하지 말고, 학생들이 의미 있는 공부를 실천하게끔, 할 말은 반드시 해야 한다고 저희 선생님들에게 거듭 강조하고 있습니다. 저를 포함한 저희 학원의 모든 선생님은 지금은 혹시 학생들에게 미움받을지 몰라도 최소한 학생들이 대학에 합격한 이후에는 가장 도움이 되었던 선생님으로 기억될 수 있는 그런 선생님이 되고자 합니다. 학생들과 적당히 놀아주면서 인기를 끄는 그런 포퓰리스트가 아닌 학생에게 진정한 도움이 될 수 있는 입바른 꼰대가 되겠습니다.

이 밖에도 훨씬 많은 원칙이 있겠으나 이 두 가지만 말씀드려도 저희들이 어떠한 마음으로 학생지도를 하는지 잘 아셨을 것이라 생각합니다.

　상가의 공용복도에서 무심결에 큰 소리로 떠드는 학생들이 있습니다. 각 학원들에서 자기 학원 앞 복도만 잘 신경 써도 학원층 전체가 조용해질 것 같기는 합니다만, 일단 저희는 저희 학원 앞만이라도 반드시 조용히 시키고 있습니다. 처음 보는 학생들에게 학원 앞에서는 조용히 해야 한다는 점을 이야기하는 것이 은근히 신경이 쓰이는 작업이기는 하지만 최소한 우리 학원 앞에서만이라도 누군가 나와서 시끄러운 학생들에게 지적을 한다는 것이 여러 학생에게 인식이 되면 우리 학원 앞 복도만이라도 조용해질 것입니다. 이를 통해 우리 학원 학생들은 더 좋은 분위기에서 공부에 전념할 수 있게 될 것이라는 생각으로 이러한 수고도 아끼지 않고 있는 것입니다.

　우리 학원은 그런 학원입니다.

12

'딸바보'보다는 '딸천재'가
낮지 않을까…?

학생이 공부를 통해 실력을 쌓아 간다는 것은 참으로 고단하고 기나긴 여정이 될 수밖에 없습니다.

그 동안 별로 공부하지 않았던 학생이 "나 정말 다짐했어! 이제 열심히 할 거야!"라고 말하는 순간, 학부모님들께서는 뿌듯함을 느끼실 것입니다. 하지만, 그 정도 결심만으로 학생의 공부가 과연 아무런 어려움 없이 순탄할 수 있을까요? 무언가를 이뤄내는 데 있어서 "그래, 결심했어. 이제부터 잘 할거야!"라는 한마디로 그 이전과 완전히 달라진 새로운 습관을 순식간에 실천해 낼 수 있다면 '작심삼일'이라는 말도 생겨나지도 않았을 것입니다. 몸에 해롭다는 담배조차 습관이 되면 끊어내기가 힘든 것이 사실입니다. 그런데 과연 그동안 공부를 하지 않았던 학생이 '지금부터 할 거야!'라는 순간적인 결심만으로 뿌리부터의 변화를 만들수 있을까요?

　학생을 장기적으로 열심히 공부하게 하는 것은 실패할 확률이 더 높은 게 현실입니다. 하지만 학원에서는 이런 현실에 굴하지 않고 학생들을 위해 올바른 공부습관을 끌어내기 위한 조치와 작업을 계속 진행해야 합니다. 솔직히, 학생과 적당히 타협하며 평소에 학생들이 원하는 만큼만 숙제를 내어주는 등 적당적당히 하다가 시험 때 잠깐 공부시키고 시험기간이 끝나면 다시 적당히 학생들과 타협하는 그런 지도를 하면서 눈 가리고 아웅하는 방법도 있습니다. 하지만, 분명한 사실은 이런 식으로 공부하고서 고등학교에 올라간다면 그 학생은 1등급 근처에도 가지 못한다는 것입니다. '중학교 때는 우리 아이가 영어를 잘했는데 고등학교 오니까 적응을 잘 못하는지 점수가 안 나와요'라는 말씀은 고등학생을 일 년만 가르쳐도 정말 수십 번 듣게 되는 단골 레퍼토리입니다. 하지만, 실상 이 학생은 중학교 때만 통하는 공부를 한 것이고, 고등학교에서까지 고득점이 보장되는 공부를 해본 적이 없다는 것이 증명된 것일 뿐입니다. 그렇다면, 제대로 된 중등 학원이란 학생들을 지도할 때 고등학교 성적까지 감안하며 제대로 된 공부습관을 학생에게 붙여줄 수 있는 곳이어야 한다는 결론이 나옵니다. 이렇게 하기 위해서는 학생들은 학교에서 만나는 웬만한 친구들보다는 훨씬 더 많은 공부를 실천해야만 합니다. 그러다 보니, 공부습관이 잘 잡혀있는 학생들은 문제 없지만 그렇지 않은 학생의 경우 학원에서 이렇게 공부를 시키려고 하면 당연히 파열음이 날 수밖에 없습니다. 저는 이 기간을 대체로 3개월 정도로 보는데 3개월을 잘 견뎌낸 학생은 제대로 된 공부습관을 익히게 되고 그렇지 않은 학생은 이 기간 안에 '이런 방식은 나와 맞지 않아!'라고 하면서 자기만의 공부법으로 돌아가게 됩니다. 물론, 자기만의 공부법이 도움이 된다면 다행이겠으나 대체로 제대로 된 학원에서 제시하는 공부량보다는 더 적게 공부하는 경우가 훨씬 많습니다.

어쨌거나, 이런저런 파열음들을 감내하며 학원에서 각고의 노력을 통해 학생들을 지도하면 서서히 변화를 보이는 학생이 생겨나게 됩니다. 하지만, 역시 인생은 만만치 않은 것일까요? 얄궂게도 이 시점에서 학생들에게 마지막 유혹이 찾아오게 됩니다. 즉, '더 이상 못하겠다, 이제 그만두고 싶다'라는 생각이 학생의 머릿속에서 다시금 생겨나게 되지요. 재미난 사실은 이런 포기의 유혹이 찾아왔을 때 포기하지 않고 공부를 지속하면 얼마 지나지 않아 실력이 한 단계 오르게 된다는 점입니다. 그리고 학생도 성취감을 느끼며 만족해하지요. 하지만, 점수가 오르기 직전 한 발자국을 남겨두고서, 꼭 이런 마지막 유혹이 찾아옵니다. 이 유혹의 순간에 학생들은 올바른 선택을 해야 하는데 이때, 아버님들의 결정이 학생에게 엄청난 영향을 미치게 됩니다. 어머님들께서는 학원 선생님들과 면담을 꾸준히 하시기 때문에 학생의 현 상황에 대한 이해가 아버님보다 더 정확하신 경우가 많습니다. 하지만, 그동안 학원과 소통이 없었던 아버님들께서는 어느 날 학생이 간절한 표정을 지으며 힘들어서 학원을 그만두고 싶다고 하면 '정~ 그러면 쉬어라!'라는 결정을 어머님보다 좀 더 쉽게 내리시는 것 같습니다. 문제는 한 번

쉽게 되면 그 학생은 다시는 빡센 공부를 하지 않을 가능성이 높아지는 데 있습니다. 왜냐하면 아버님의 결정이 학생으로 하여금 '이 정도 힘든 것은 내가 쉬어도 되는 상황이구나!'라고 인식하게 만들기 때문입니다. 즉, 부모님께 허락받고 정당히 쉬었던 경험이 있기 때문에 '빡센 공부의 압박감'을 극복하려는 의지가 자라나지 않게 되지요. 그리고, 이런 경우도 사실 학생이 남학생이냐, 여학생이냐에 따라서 결과가 또 달라집니다. 그래도 남학생인 경우에는 좀 더 해보라는 결정이 나기도 하지만 여학생인 경우에는 거의 공부 중단으로 이어집니다. 아버님께서 따님을 너무 사랑하시다 보니 딸의 간절한 요청을 차마 거부하지 못하시는 것이지요. 하지만, 학원에서 저희들이 볼 때에는 그 학생이 이 유혹만 견뎌내면 이제 곧 첫 번째 결실을 이룰 것이라는 점이 분명히 보이는 경우들이 많습니다. 그러나, 안타깝게도 학생이 그 마지막 유혹을 물리치지 못하고 의미 있는 공부를 중단해 버리는 결정을 아버님께서 오히려 도와주시곤 합니다.

저는 학생이 의미 있는 공부를 해내는 데 있어서 '딸+아버님'

의 조합이 상당히 위험한(?) 조합이 될 수도 있다는 점을 분명히 말씀드리고자 합니다. 제가 간절한 마음을 담아 아버님들께 드리고 싶은 말씀은 부디 '딸바보'가 되지 마시고 '딸천재'가 되시라는 것입니다. 눈에 넣어도 아프지 않을 사랑스러운 내 딸이 사회에 진출했을 때, 다른 사람들에게 백안시 당하는 것을 결코 원치 않으실 것입니다. 학생들은 잘 모르겠지만 우리가 몸담고 있는 사회라는 곳은 그 사람이 얼마만큼의 생산성을 가지고 있는지에 따라서 대우가 달라진다는 것을 성인들은 누구나 다 알고 있지 않습니까? 사회에서 내 딸이 다른 사람들에게 인정받지 못하는 모습을 한번 상상해 보십시오. 생각만 해도 끔찍한 일이 아닐 수 없습니다. 그래서 이렇게 다시 한번 말씀을 드립니다. 따님이 실력향상이 되기 직전에 찾아오는 그 마지막 유혹에서 잘못된 선택을 하지 않게끔, 부디 우리 아버님들께서는 '딸바보'가 아닌 '딸천재'가 되십시오!

아버님들! 화이팅!

13
사교육을 통한 공교육의 파수꾼!

저는 학생들에게 학원에서 욕설을 하지 못하게 하고 있습니다. 벌점제도를 두어서 최대한 컨트롤을 하려고 합니다. 물론, 학생들이 한창 험한 말을 쉽게 내뱉는 시기일 수는 있습니다. 하지만 그렇다고 해서 학생들의 잘못된 언어습관에 대한 최소한의 예방조치도 하지 않는 것은 바람직하다고 보지 않기 때문에 학원에서만이라도 함부로 욕설을 내뱉지는 못하게 하고 있습니다. 그러다 보니 학생들이 제게 이런 질문들을 많이 합니다.

"선생님, ○○○는 욕설의 범위에 해당되나요?"

"선생님, ○○○는 써도 되나요?"

등등.

명쾌하게 선을 긋는 것은 어렵더라도 질문이 들어올 때마다 모두가 납득할 수 있는 나름의 선을 그어주려는 노력을 꾸준히 지속하고 있습니다. 하지만 며칠 전, 학생들과 얘기하던 중이었는데 뜻밖에도 한 학생이 제게 이런 말을 하였습니다.

"선생님, 학교에서는 선생님 앞에서 학생이 욕을해도 선생님들이 못 들은 척 지나가요."

한 명이 이렇게 얘기를 하자 여기저기서 "우리도, 우리도" 하는 소리들이 들려오기 시작했습니다.

선생님 앞에서 학생이 욕을 해도 선생님이 못 들은 척 지나간다는 것. 참으로 무기력한 교육현장이 아닐 수 없습니다. 학생들이 너도 나도 '우리도, 우리도'를 말하며 동의한 것을 보면 한 선생님만의 행동이 아닌 학교 선생님들의 전반적인 대처방식이라는 점을 짐작하게 됩니다. 괜히 학생지도를 잘못했다가는 오히려 더 큰 위험에 처할 수 있다는 두려움이 학교 선생님들로 하여금 정당한 지도에도 몸을 사리게 만드는 것이라 생각됩니다. 이러한 상황에서 과연 우리가 공교육이 제대로 작동한다고 믿고 있어도 될까요? 학생들의 그런 말을 들었을 때, 제 머릿속에서는 '공교육은 이미 사형선고를 받은 것이나 다름없다'는 생각이 스쳐 지나갔습니다. 게다가 최근의 많은 공교육 관련 뉴스들을 보면 학교 선생님들은 이른바 금쪽이들에게 둘러싸여 아무것도 할 수 없는 존재가 되었다는 것을 증명하는 것 같아 안타까움을 느끼게 됩니다.

모든 존재가 탄생과 소멸이라는 과정을 거칠 수 밖에 없다고 한다면 이른바 국가라고 하는 공동체가 소멸기에 이르렀을 때 나타나게 되는 현상은 무엇이 있을까요? 여러가지가 있겠지만 제가 딱 두 가지를 꼽아본다면 저는 '학생들을 가르치는 선생님이 존중받지 못하는 문화', '나라를 지키는 군인들이 존중받지 못하는 문화' 이렇게 두 가지의 행태가 심화되는 것이 국가 공동체 소멸기에 나타나는 현상이라고 생각합니다. 이러한 관점으로 접근한다면 현재 선생님들의 위기는 결국 대한민국 자체의 위기로 봐야 할 것입니다. 치열한 국제 사회의 경쟁 속에서 생산성이 뛰어난 인재들이 많이 배출되어야 대한민국이라는 국가공동체가 번영을 이어갈 수 있을 텐데, 지금처럼 선생님들이 학생들 눈치를 보는 것을 넘어서 선생님이 있는 교실에서 욕설이 들려왔음에도 못 들은 척 지나가야 하는 상황이라면 어떻게 생산성 있는 인재들을 키워낼 수 있겠습니까?

분명 대부분의 사람들이 공교육을 되살려 건강한 교육현장을 만들어야 한다는 것에 동의할 것입니다. 공교육을 살리기 위한 노력의 일환으로 진행되는 일이 있다면 누구라도 그 일에 열린 마음으로 동참해주리라 믿어 의심치 않습니다. 하지만 이런 선의를 가진 사람들이 많이 있음에도 여전히 공교육이 살아나지 못하는 이유는 무엇일까요? 물론 다양한 이유가 있겠지만 제가 생각하는 한 가지 이유는 사공이 너무 많다는 것입니다.

공교육을 살리기 위한 헌신을 마다하지 않겠다는 선의를 가진 사람들이 많지만 그 사람들의 교육관은 다양할 수밖에 없습니다. 그러다 보니 누군가에게는 옳다고 여겨지는 방향성이 다른 누군가에게는 받아들이기 힘든 것으로 보이기도 하지요. 당장에 대학입시만 해도 그렇습니다. 누군가는 예전처럼 정확한 전국등수가 나와서 몇 등부터 몇 등까지 무슨 대학, 몇 등부터 몇 등까지는 또 다른 무슨 대학, 이런 식으로 깔끔하고 명확한 것이 공정하다고 주장하는 반면에 다른 누군가는 등수보다는 적정선에서 등급을 매긴 뒤 이런저런 다양한 전형을 통해 합격을 결정짓는 것이 더 낫다고 주장합니다. 그러다 보니 간극이 메워지지 않지요. 단순히 시험제도도 이렇게나 관점이 다른데 훨씬 더 추상적인 영역이라고 할 수 있는 선생님의 지도라는 것은 얼마나 많은 사람들이 얼마나 다르게 이해하고 있을까요? 그러니 공교육을 살리고자 하여도 합의가 되기 어려울 수밖에 없고 그러다 보니 점점 더 공교육의 배는 산으로 향하게 됩니다.

학교 선생님들이 겪고 있는 위기가 국가의 위기로 이어진다고 한다면 풀기 힘든 공교육의 난맥상 속에서 우리는 그저 이런 위기의 상황을 보면서 걱정만 하다가 결국 그 여파가 이런저런 형태로 내게 닥치게 되면 무기력하게 좌절만을 하는 것이 우리에게 주어진 피할 수 없는 숙명일까요?

저는 의외로 사교육에서 돌파구를 찾을 수 있다고 생각합니다. 물론 사교육이 공교육의 완벽한 대체제가 된다는 뜻은 아닙니다. 우리는 반드시 공교육을 살려내야 합니다. 단지 공교육을 살려내는 과정에서 불가피하게 시간이 걸릴 수밖에 없을 텐데 이때 일정 부분 사교육이 산소호흡기와 같은 역할 정도는 해낼 수 있다고 봅니다. 어쩌면 그 이상의 역할도 가능할지 모릅니다. 궁극적으로는 사교육이 공교육을 살리고 공교육이 사교육을 살리는 교육의 선순환 흐름이 가장 이상적이겠지요. 아무튼 공교육의 위기 상황에서 일단 사교육이 일정 부분 빈 곳을 메꾸는 역할은 충분히 할 수 있을 텐데 다음과 같은 사교육의 장점 때문에 그렇습니다.

사교육은 각 원장들이 자신이 가진 생각대로 학원을 운영할 수 있습니다. 즉, 사공이 많아 배가 산으로 갈 이유는 없지요. 공교육은 학교라는 큰 배가 하나밖에 없지만 사교육은 학원이라는 작은 배가 다양하게 있습니다. 학부모님들은 각자가 생각하시는 교육관에 맞는 학원으로 학생을 보내주시면 되는 것입니다. 쉽게 말해, 어릴 때부터 소위 빡세게 공부를 시키고 싶으신 학부모님들은 빡센 학원으로, 어릴 때는 흥미 위주의 교육을 원하시는 학부모님들은 흥미 위주의 학원으로 보내주시면 되지요. 그 학원의 원장이 가진 교육관과 학부모님의 교육관이 상당히 일치화가 되어 있기 때문에 학원 선생님들이 수행해야 하는 선생님 지도라는 영역도 추상적이기보다는 오히려 상당히 구체적으로 다가와 실천하기가 훨씬 용이해지지요. 교육관이 서로 다른 사람들이 한 배를 타고 있을 때는 다툼이 일어나기 쉽고, 그러다 보니 결국 선생님들이 이것도 못 하고 저것도 못 하는 형태가 되어 버리지만, 서로 생각이 맞는 사람들끼리 모여서 교육하게 되면 이견이 줄어들어 교육의 의미를 얼마든지 살려낼 수 있습니다. 빡센 교육은 그 나름으로 의미가 있고 흥미 위주의 교육도 역시 그 나름의 역할이 있기 때문에 교육이라는 것이 각자 원하는 다양한 형태로 살아날 수 있게 되는 것입니다. 심지어는 과외선생님, 즉 홈스쿨 선생님을 두어서 학부모님이 원하시는 형태의 교육을 자유롭게 시도하시는 것까지도 얼마든지 가능합니다. 선택권이 생겼다는 것만으로도 얽히고설킨 교육의 난맥상을 상당히 해소할 수 있다는 느낌이 들지 않나요?

물론, 사교육이 공교육의 본질적 가치를 완전히 대체할 수 있다는 뜻은 아닙니다. 그래서 우리는 반드시 공교육을 살려내야 합니다. 저는 사교육의 장점과 공교육에서 구현해야 하는 가치들을 잘 조화시켜서 해답을 찾아나가야 공교육을 바로세우기 위한 시간도 벌어내고 뿐만 아니라 공교육의 올바른 방향성을 잡아나가기도 더 수월해진다고 봅니다.

'공교육 vs 사교육 / 선생님 vs 학생 / 선생님 vs 학부모님 / 부모님 vs 사춘기자녀' 이런 식으로 온통 대결구도로만 접근되면 고통의 비명소리만 높아질 뿐이고 종국에는 우리 모두 패배자가 될 뿐입니다. 공교육과 사교육이 대립관계가 아니라는 관점으로 접근한다면 건강한 사교육의 발전이 죽어가는 공교육을 살리는 데 기여할 수 있다는 생각이 하나도 어색하지 않게 느껴집니다. 저는 사교육을 열심히 해서 공교육의 부활에 기여하는, '사교육을 통한 공교육의 파수꾼'이 되고자 합니다.

14
사교육인 학원에서 퇴원제도가 필요한 이유는

    학원마다 원장분들의 교육철학은 다를 수밖에 없습니다. 그래서 학부모님들은 학원장분들과의 면담을 통해 그분의 교육 방향성을 파악하시는 것이 매우 중요합니다. 디테일을 배제한 채 큰 틀로 나눠보면 제가 볼 때 두 가지 방식 정도로 학원 방향성이 나눠집니다.

    첫째는, 어떤 교육이든 인성교육을 포함하는 것이므로 아무리 끌고 가기 힘든 학생이라 할지라도 결코 포기하지 말고 학원에서 어떻게든 끌고 가야 한다는 방식.

둘째는, 학원은 사교육이고 모든 학생이 같은 비용을 내고서 다니므로 특정학생의 수업방해 행위로 인해 다른 누군가 손해를 본다면 원인이 되는 학생을 배제시키고 공부할 의사가 있는 학생들만을 남겨서 강의실에서의 수업이 최상의 퀄리티로 유지되게끔 해야 한다는 방식.

두 가지 모두 장단이 있으므로 어느 한 가지가 전적으로 옳다고 단정할 수는 없습니다. 단지, 두 가지 생각을 동시에 구현할 수는 없기 때문에 각 학원들은 나름의 자기 방식을 가질 수밖에 없고 학부모님들께서는 각자가 생각하시기에 더 낫다고 느껴지는 쪽으로 학원을 선택해 주시면 됩니다.

일단, 저는 학원은 사교육이므로 두 번째 방식을 택하는 것이 더 타당하다고 보는 입장입니다. 학부모님들께서 납부해 주시는 학원비가 그 학생의 인성교육을 위해서 지불하시는 비용이라고 보지는 않기 때문입니다. 인성교육이라는 것은 사교육의 영역에 있다기보다는 우선은 가정교육, 다음으로는 공교육에서 다뤄져야 한다고 보고 있습니다. 만약, 사교육에서 인성교육을 논하고자 한다면 그 학원이 인성을 위한 학원이라는 것을 소비자인 학부모님들께 안내를 드려야 합니다. 분명, ○○영어학원, ○○수학학원, ○○과학학원, ○○국어학원으로 되어있을 텐데 이러한 명칭을 보시고서 이곳이 인성교육까지 시켜주는 곳이라고 생각하시는 학부모님은 거의 없으실 것입니다. 당연히 특정 과목에 대한 지식을 전달하는 곳이라고 여기실 것이고 그렇게 믿고 그 학원에 학생을 보내시게 될 것입니다. 그러므로 학원에서 인성교육을 담당하고자 한다면 입반 절차를 진행할 때 학부모님들께 그 부분을 명확히 안내해드려야 합니다. 그러한 안내를 드린 적 없이 인성교육에 힘쓰느라 지식 전달의 효율성이 약화되는 방식으로 지도하게 되면 이러한 상황을 학부모님 누구도 반기시지는 않으리라 생각합니다.

학원에서의 인성교육이라는 주제를 부각시켜서 논하는 데는 제 나름의 이유가 있습니다. 실제로 학생들은 천차만별이어서 학부모님들께서 생각하시는 그 이상의 행동들을 강의실에서

하는 경우가 꽤나 빈번히 있습니다. 예전에 제가 강사로서 수업에 들어갔을 때의 일입니다. 아마 중학교 3학년 수업이었던 것으로 생각됩니다. 그때 학교에서 나름 일진으로 군림하며 어깨에 힘 좀 주고 다니던 학생이 그 학원에 있었는데 그 학생이 저와의 첫 수업에서 수업이 진행되는 1시간 동안 '씨×'이라는 욕설을 4번 정도를 내뱉었습니다. 저를 쳐다보면서 한 욕설은 아니지만 제가 들으라고 한 말은 맞지요. 들고 있던 펜을 일부러 떨구고서는 "아! 씨×" 그것을 드는 척하다가 다시 떨구고서는 "아! 씨×" 이런 식이었습니다. 함께 수업하게 된 선생님을 길들여 보고자 하는 학생의 의지가 담겨있는 행동이라고 생각합니다. 10명 남짓한 강의실에서 한 학생이 이런 식으로 행동하면 그 반의 분위기는 어떨까요? 이런 분위기에서 공부 성과가 잘 나오면 그것이 더 이상한 일일 것입니다.

역시나 같은 중학생의 사례인데 그 학생이 지나가면 때때로 담배 냄새가 슬쩍슬쩍 나기도 했습니다. 쉬는 시간 후에 교실로 돌아온 친구의 몸에서 담배 냄새가 난다면 그런 학생이 있는 강의실의 분위기는 어떨까요? 물론 지금 사례는 너무 극단적인 예시가 아니냐는 반론이 있을 수 있습니다. 강사들끼리 얘기를 나눠보면 초등부나 고등부에서는 이런 사례가 잘 없지만, 아쉽게도 중등부 수업에서는 이런 사례가 은근히 적지 않습니다. 일진이라고 한들 초등일진은 아직 어리고, 고등일진은 아예 학원에 오지를 않지만 중등일진은 아직은 학원이라는 곳을 들락날락하다 보니 발생하는 현상으로 볼 수 있습니다. 이 정도로 극적인 사례가 아니라고 해도 특정 학생이 수업시간마다 계속 농담 따먹기를 끊임없이 시도한다든가 혹은 한 학생이 상습적으로 숙제를 안 해오거나 하면 이는 다른 학생들에게도 쉽게 전파되기 때문에 그만큼 수업의 효과는 떨어질 수밖에 없습니다.

그럼에도 불구하고, 단 한 명도 낙오 없이 어떻게든 끌고 가면서 문제를 일으키는 학생들을 예외 없이 다 공부하는 사람으로 바꿔낸다면 이는 그야말로 참 스승이라고 할 수 있을 것입니다. 하지만 사교육에서 이렇게 하기가 쉽지 않습니다. 앞서 언급했듯 모두가 똑같이 학원비를 내고 그 과목의 지식을 전달받기 위해 왔는데 문제가 있는 특정학생들과의 줄다리기로 인해 학원의 역량이 낭비된다면 공부하고자 하는 학생들이 오히려 들러리가 되는 것 아니겠습니까? 이러한 주객이 전도된 상황을 피하는 것은 학원의 중요한 임무라고 할 수 있습니다.

사실 공부라고 하는 것이 조금만 적응되고 나면 상당한 중독성이 있습니다. 전교1등일수록 공부를 더 하려고 하는 것을 보면 잘 알 수 있습니다. 비단 전교1등만이 아니라 누구라도 열심히 해서 학교시험 점수가 오르기 시작하면 공부의 매력을 깨닫게 되곤 합니다. 학생들은 조금만 더 공부에 마음을 열고 선생님의 가르침을 따라 때론 힘들겠지만 그래도 적극적으로 공부에 임해주시기를 바랍니다. 훗날 공부가 정말로 여러분들에게 큰 기쁨을 주는 순간이 있을 것입니다. 학원은 퇴원제도를 둘수밖에 없지만 그 제도가 그냥 명목상 존재하는 것일 뿐, 적용될 일 없는 제도가 되기를 진심으로 바라고 있습니다.

15
좋은 학원 찾는 법!

어떤 학원에 보내야 할지에 대해 고민하시는 분들을 많이 만나게 됩니다. 사실 동네에서 이래저래 입소문으로 들어본 학원들이 대체로 보낼 만한 학원이라 볼 수 있습니다. 굳이 복잡하게 생각할 이유가 없지요. 하지만 그래도 몇 가지 기준을 가지고서 학원을 고르신다고 한다면 내 아이에게 딱 맞는 학원을 찾기가 더 유용할 수 있으므로 몇 가지 기준을 말씀드리고자 합니다.

(1) 우선, 내 아이의 목표부터 명확히 하라.

　학부모님들의 교육 방침이 제각각이므로 특정학원이 모두를 위한 최고의 학원이 될 수는 없습니다. 남들보다 빠르게 진도를 나가며 이른바 '빡쎄게' 공부시키는 학원을 선호하시는 분이 있으신 반면, 너무 큰 부담보다는 적당한 양을 하면서 부담 없이 공부를 시키는 학원을 선호하시는 분도 계십니다. 그러므로 학원을 찾으실 때에는 먼저 내 아이의 교육방식을 어떻게 하실지부터 먼저 명확히 하시고서 찾으셔야 아이에게 딱 맞는 학원을 구할 수 있습니다. 솔직히 적당히 공부시키는 학원을 찾는 일은 그리 어렵지 않습니다. 그래서 어느 학원을 보낼지 고민하시는 학부모님들은 대체로 공부를 좀 빡쎄게 시켜주는 학원을 찾고자 하시는 경우가 많습니다. 이에 다음 기준(2번)부터는 그러한 학부모님들이 생각하시면 좋을 것들을 염두에 두고 나열하겠습니다.

(2) 시험을 꾸준히 치르는 학원.

 학원마다 시험을 치르는 빈도수는 다들 다릅니다. 1주일에 한 번씩 치르기도 하고 혹은 1~2달 마다 치르기도 하며 때로는 3개월 정도 기간을 두고 치르기도 합니다. 일단 제가 추천하는 학원은 시험의 빈도수가 높은 학원입니다. 시험을 자주 치러서 내 아이의 현재 상태를 학부모님들이 알 수 있게끔 해주어야 합니다. 그렇지 않고서 깜깜이로 공부가 진행되다가는 학교시험을 치렀을 때 당황하시는 경우가 있을 수 있습니다. 크고 작은 시험들을 학원 내에서 자주 치러서 학부모님들께 피드백을 명확하게 해주는 학원을 찾으시면 좋습니다.

(3) 퇴원 제도가 있거나 혹은 분반을 확실하게 하는 학원.

 학생들의 공부 능력치는 분명히 학생마다 다릅니다. 빠르게 성장하는 학생이 있는 반면에 실력을 키우기까지 많은 시간이 걸리는 학생도 있습니다. 발전 속도가 다른 학생들을 한곳에 모아놓고서 수업하면 당연히 누군가는 손해를 보고 있는 것입니다. 그리고 어떤 경우는 특정 학생이 수업 분위기를 흐리는 경우도 있습니다. 한 학생이 수업 분위기를 흐리기 시작하면 다른 학생들도 그런 분위기에 동조하기 때문에 공부 분위기는 순식간에 사라져 버립니다. 이에 학원은 반드시 실력별로 학생들을 구분해 주어야 하고 수업 분위기를 흐리는 학생은 지도해야 하는데, 지도가 통하지 않을 때에는 퇴원까지도 고려해야 합니다. 모든 학부모님께서 학원에 똑같은 금액의 돈을 내시는데 특정 학생의 수업방해 행위로 인해 다른 학생들이 퀄리티 있는 수업을 받지 못한다면 어느 학부모님들께서 그러한 상황을 용인하실 수 있을까요? 공교육과 사교육의 차이는 여기에서 확연히 드러납니다. 공교육에서는 당연히 교실에 있는 모든 학생을 선생님들이 지도하셔야겠으나 사교육에서는 학부모님들께서 사적으로 개인비용을 들여 공부를 시키시는 것이므로 특정학생의 수업방해 행위를 학교에서의 대처와 같은 방식으로 할 수는 없습니다. 이것이 사교육의 한계이기도 하겠으나 또 한편으로는 사교육의 장점일 수도 있습니다. 물론 어쩔 수 없다면 결단해야 할 수도 있겠으나 그래도 퇴원까지는 최대한 피하는 것이 좋고 분반을 확실히 해서 수업 분위기를 관리하는 것은 반드시 필요합니다.

(4) 숙제가 상대적으로 많은 편에 속하는 학원.

학원들을 방문하여 면담해보시면 각 학원마다 어느 정도 숙제를 내주는지를 파악할 수 있으실 것입니다. 그래도 확실히 숙제를 많이 내주는 곳이 학생들 관리를 더 잘할 가능성이 높습니다. 사실, 저도 학생들을 가르치는 일을 하기 전에는 숙제를 내어준다는 것이 갖는 의미에 대해서 깊이 고민해 본 적이 없습니다. 하지만, 학생들을 가르치는 일을 본격적으로 해보니 적절한 숙제를 내어주고 관리를 한다는 것이 여간 힘든 일이 아니라는 것을 새삼 깨닫게 되었습니다. 일단 적절량의 숙제를 낸다는 것이 그야말로 절묘한 예술이라고 개인적으로 생각합니다. 숙제를 너무 적게 내어주면 공부의 의미가 약화되고 너무많이 내어주면 결국 학생이 학원을 그만두게 됩니다. 즉, 학생들이 수용할 수 있는 범위 안에서 최대치의 숙제량을 내어주는 것이 마치 수학적 개념에 비유하자면 미분을 해서 최댓값을 찾는 것처럼 느껴지는데 경험을 통해서만이 '의미 있는 적정 숙제량'을 알게 된다는 점에서 보면 결국, 베테랑 선생님만이 비로소 적정 숙제량이라는 것을 깨우칠 수 있습니다. 즉, 숙제량을 많이 내어줬을 때 학생들이 퇴원하는 경험까지 다 해보아야 학생에게 도움이 되면서 학원도 유지될 수 있는 적정 숙제량을 알 수 있게 되는데 학생들의 퇴원 가능성과 결부되다보니까 대체로 숙제를 적게 내주는 것으로 결론 내는 선생님들이 많습니다. 그러므로 어떤 학원이 다른 곳보다 많은 숙제를 내고 있는데도 그 학원이 잘 지속되고 있다면 그 의미는 그 정도 공부를 잘 시켜내는 노하우가 그 학원에 있다는 뜻이 됩니다. 다시 말해, 숙제가 많다는 것 자체만으로도 학생이 더 많은 공부를 할 가능성이 당연히 더 높아지지만, 이뿐만 아니라 그 학원이 더 학생관리를 잘하는 선생님들로 구성되어 있을 가능성이 높습니다.

이밖에도 학원을 찾기 위한 다른 조건을 더 많이 제시할 수도 있습니다. 하지만 너무 많은 잣대를 가지고서 판단하고자 하면 오히려 더 복잡하게만 느껴질 수도 있기에 주요하면서도 파악하기 쉬운 요소만을 나열해 보았습니다. 결국, 내 아이에게 잘 맞는 학원을 찾는 것이 관건이 될 것입니다. 여러 학원을 방문하여 면담하시다 보면 학부모님들께서 각자 나름으로 느끼는 것들이 있으실 것입니다.

16

학생들의 능력을
과소평가할 이유는 전혀 없어요!

　저희 학원은 초6부터 중3까지 이 기간에 특화해서 실력을 집 중적으로 향상시키는 것을 목표로 운영되고 있습니다. 이 4년 의 기간 동안 입시에서의 성공을 위한 훈련을 확실히 해보자 는 의미이지요. 그러다 보니 6학년 학생이 처음 입반할 때 어 머님들께서 이런저런 염려들을 하시는 경우를 보게 됩니다. 즉, 이전에는 흥미 위주로 공부를 하다가 이제 본격적으로 일 정 강도 이상의 공부를 하는 것으로 변화를 주시는 데 있어서 '혹시 우리 아이가 못 해내지는 않을까?'하는 염려를 하시곤 합니다. 물론 해보지 않고서는 저희도 알 수 없습니다. 해낼 수도 있고 포기할 수도 있습니다. 단지 통계적으로 추정해 보자면 초6 때 저희 학원 레벨테스트 점수가 100점 만점에 30점을 넘어가는 경우는 대체로 적응을 잘 해냅니다. 20점과 30점 사이의 점수라면 적응할 수도 있고 못 할 수도 있는데 그래도 적응하는 비율이 7:3 정도로 더 높게 나옵니다. 10점과 20점 사이의 점수를 받는 학생들은 적응할 수도 있고 못 할 수도 있는데 7:3 정도로 못하는 비율이 더 높게 나옵니다. 그리고 100점 만점에 10점 이하의 점수가 나오는 경우가 있는데 이 점수대의 학생들은 10명 중 1명 정도 적응하고 나머지는 대체로 중도 포기선언을 하게 됩니다. 하지만 어쨌거나 분명한 것은 전체적으로는 적응하는 비율이 더 높은 것은 확실합니다. 100점 만점에 30점 이상이 대체로 적응한다는 것 자체가 이를 증명하고 있습니다. 사실 그동안 아무리 흥미위주로 공부가 진행되었다고 하더라도 100점 만점의 시험을 치렀을 때 웬만큼 공부를 했다면 30점은 넘지 않겠습니까? 즉, 일반적으로 공부를 하였다고 한다면 당연히 저희 학원의 공부량에 적응을 잘한다고 보아도 될 것입니다. 게다가 레벨테스트 점수가 10점 이하인 경우는 거의 중도포기를 선언한다고 말씀드리기는 하였으나 분명한 것은 모두가 그런 것도 아닙니다. 비록 그동안 자신이 공부를 하지 않아 10점 이하의 점수를 받기는 하였으나 지금부터 열심히 해서 점수를 올리겠다고 진짜 결심을 한 학생들은 시간이 흐르면서 고득점을 받아내는 학생들로 결국 변하게 됩니다.

저는 어머님들께서 자녀를 사랑하시는 마음에 너무 우리 아이의 잠재된 역량을 불안한 시선으로 바라보지 않았으면 좋겠다는 말씀을 드립니다. 조금은 단호한 모습으로 학생들이 일정 가중치 이상의 공부를 하게끔 해주셔도 괜찮습니다. 물론, 100%를 가정하고서 말씀드릴 수는 없겠으나 대체적으로는 학생들이 잘 해내는 경우가 더 많습니다. 저희도 10명의 학생을 받게 되면 2~3명 정도는 퇴원하는 정도의 공부량을 학원에서 시키고는 있으나 반대로 생각해 보면 7~8명은 다들 해내는 그런 공부량에 지나지 않습니다. 게다가 10명 중 2~3명이 퇴원한다는 것도 학원이 처음 생겼을 때의 상황인 것이지, 요즘은 저희 학원의 공부방식이 많이 알려져서인지 학생들이 입반할 때부터 이미 나름의 결심을 하고 있고 그러다 보니 사실 정말 퇴원생이 없습니다. 게다가 3개월 정도 하면 거의 적응하는데 이때부터 중3 졸업 때까지 정말 퇴원생이 없는 편에 속합니다. 즉, 학원 전체적으로 보았을 때 퇴원생의 비율이 매우 낮은 학원이지요.

어머님들의 관점도 처음에 저희 학원이 생겼을 때와 많이 달라졌기 때문에 이러한 흐름이 나오는 것이라 생각됩니다. 즉, 처음 저희 학원이 생겼을 때에는 학생이 공부하다가 힘들다고 하면 어머님들께서 학생들의 의견을 바로 수용하셔서 퇴원의 결정을 내리시는 경우가 많았다고 한다면 점점 시간이 흐르면서 저희 학원에서 성과를 보게 되는 학생들이 많아지게 되고 또 막상 보니까 잘 해내는 학생들도 많다는 것을 인지하시고 나서부터는 학생들이 힘들다고 해도 바로 퇴원 결정을 내리시기보다는 학원과 소통하면서 학생의 변화를 조금 더 유도해보는 작업을 함께 참여해주시기 때문에 처음과 다른 흐름이 생겨나게 된 것이라 보고 있습니다. 그리고 학생이 힘들다고 느낀 그 순간만 지나고 나면 적응이 되어서 실제로 더 이상 별로 힘들어하지도 않습니다. 그래서 제가 신입 학부모님들께 드리는 말씀이 환골탈태의 시간 3개월을 염두에 두시면 좋다는 말씀을 드리는 것입니다.

물론 이 세상에 100%라는 것은 없기에 모든 학생이 강도 높은 공부를 잘 해낼 것이라고 장담할 수는 없습니다. 하지만, 막상 해 보면 대부분의 학생들은 잘 적응해서 원하는 성과를 성취하곤 합니다. 내 아이의 잠재력을 미리부터 너무 염려하셔서 과소평가할 필요는 없다고 생각합니다. 게다가 뜨거운 열정으로 도전한 일에서 일정 부분 좌절을 겪게 된다 해도 이것은 오히려 다음 성공을 보장하는 성장 과정이 될 수 있습니다. 열정을 뜨겁게 불태워 본 적도 없이 물에 물 탄 듯 술에 술 탄 듯 매사 밍숭맹숭한 패턴이 계속되는 것이야 말로 궁극적 실패로 이어지는 위험한 삶의 방식일 수 있습니다.

학부모님들께서는 너무 염려 마시고 학생이 일정량 이상의 공부에 도전할 수 있게끔 격려해 주실 것을 권해드립니다. 물론 공부하지 않던 학생이 공부를 하게 되면 약간의 파열음은 있을 수 있습니다. 하지만 환골탈태의 시간(우리 학원 기준으로는 대체로 3개월 정도)만 잘 지나고 나면 학생들이 점점 더 성숙된 자세로 향해가며 공부에 임하는 것을 보실 수 있으실 것입니다.

착한 척하는 선생님이 아닌
진짜로 착한 선생님만이 알 수 있는
학생지도의 참맛!

저희 학원이 있는 지역에 위치한 중학교에서 중간고사를 치르는데 한 곳은 3과목, 다른 한 곳은 4과목을 치릅니다. 실은 엊그제 가까운 지인을 잠깐 보게 될 일이 있어서 이야기를 나누다가 자연스레 이 이야기를 하니까 그 친구가 깜짝 놀라는 표정을 지었습니다. 무슨 중학생이 자신이 초등학교 때 치렀던 시험보다도 훨씬 더 적은 과목을 시험으로 치르느냐는 말이었지요. 중1은 시험을 치르지 않으니 중2~3학년 중간고사 시험 과목 수인데 이 부분도 그 친구에게는 꽤나 충격으로 다가왔던 것 같습니다. 당장 제게 이런 질문을 하더군요.

"그래도 괜찮아?"

이래도 괜찮은지 아닌지는 저도 잘 모릅니다. 어차피 제 생각대로 세상이 돌아가는 것도 아니고 저는 그저 학원을 운영하는 필부에 지나지 않으니까요. 단지, 저는 제가 가르치는 학생들에게만큼은 일단은 과목이 적다고 시험을 쉽게 보지 말고 3과목이라면 반드시 300점, 4과목이라면 반드시 400점을 받도록 하라는 격려를 합니다. 시험을 치르지 않는 중1 학생들에게도 항상 공부하는 시간 동안에는 마치 시험을 대비한다는 느낌으로 집중해서 열심히 하라는 메시지를 전합니다.

우리는 지금 AI가 한창 개발되고 그것을 탑재한 로봇들이 만들어지며 뉴럴링크라고 해서 인간의 뇌에 칩을 심어 컴퓨터와 뇌가 연결되는 기술을 시도하고 있는 그런 시대를 살아가고 있습니다. 저도 이러한 기술들이 더 발전되고 나면 인간이 굳이 힘들게 공부할 필요는 없다고 생각합니다. 어차피 많은 일들은 AI로봇이 해줄 것이고 인간의 뇌가 뉴럴링크를 통해 컴퓨터와 연결되고 나면 마치 주기적으로 핸드폰 업데이트하듯이 우리의 뇌를 업데이트하면 될 것이므로 굳이 이런저런 지식들을 익히기 위한 공부라는 고된 작업을 할 필요는 없어질 것이기 때문입니다. 하지만 앞으로 그렇게 된다는 것과 지금 당장 공부를 안 해도 된다는 것은 별개의 문제입니다. 그리고 AI로봇과 뉴럴링크가 활성화되는 과정이 어쩌면 우리 예상보다 훨씬 더 혼란스러운 형태로 진행될 위험도 있습니다. 혼란함이라는 것은 예측 불가능성을 의미하는데 예측 불가능하다는 것은 결국 변동성이 매우 크게 나타난다는 뜻이고 그렇다면 이런저런 급작스러운 변화에 잘 적응하는 쪽이 살아남는 생존자가 될 것입니다. 그렇다면 일단은 여전히 공부를 열심히 해서 많은 지식을 쌓은 쪽이 유리하지 않을까요? 앞으로는 AI나 뉴럴링크의 발전으로 인해 인간이 할 일이 없어질 테니까 나를 위한 자기개발은 하지 않아도 된다는 생각을 누군가 하고 있다면 이는 참으로 위험한 발상이 될지도 모릅니다.

사실, 입시라는 것이 어쩔 수 없는 경쟁의 측면이 있을 수밖에는 없습니다. 쉽게 말해 대한민국 최고의 대학은 한 개밖에 있을 수 없고 게다가 학생들이 선호하는 대학이라는 것은 주로 서울에 위치하거나 최소한 그 주변에 있을 가능성이 높은데 학생 수는 그런 곳에서 수용할 수 있는 정도보다 많으므로 필연적으로 경쟁이 생기게 되지요. 누군가는 대학의 서열을 없애버리고 모두가 똑같은 교육기관으로 하면 된다는 식의 방법을 대안으로 내놓기도 하는 것 같습니다. 저도 정말 그것이 효과가 있다면 그렇게 하고서 힘든 경쟁을 벗어나면 좋겠다는 간절한 바람이 있습니다. 하지만, 우리가 사는 세상에서 경쟁이라는 요소를 과연 완전히 배재할 수 있을지는 좀 의문입니다. 어떤 나라는 대학입시를 결과적 평등으로 하면서도 선진국인 나라도 있다고 주장할 수도 있겠으나 대체로 그렇게 알려진 나라에서 직접 사는 사람들의 이야기를 들어보면 우리가 아는 것과 다른 경우가 많습니다. 밖에서 보기에는 그렇게 보였으나 사실 다른 방법으로라도 결국 대학 졸업 후 사회에 나왔을 때 생산성이 높을 것 같은 인재와 그렇지 않을 것 같은 인재를 구분한다는 것이지요.

우리 모두가 잘 알다시피 우리나라에서는 '스카이'라는 표현이 있습니다. 하지만 이는 우리나라에만 있는 것이 아닙니다.

미국에서는 '아이비리그'라는 말이 있고 영국에서는 '옥스브리지'라는 말이 있습니다. 옥스브리지를 검색해 보았습니다.

옥스브리지(Oxbridge)는 잉글랜드의 옥스퍼드 대학교(Oxford University)와 케임브리지 대학교(Cambridge University)를 함께 부르는 명칭이다. 영국에는 영국 소재 종합 대학교 중 24개의 명문 대학교 그룹인 러셀 그룹이 있다. 그중에서도 최상위권 대학이 옥스브리지이다. 이 두 대학은 영미권에서 가장 오래된 대학으로 1,000여 년의 세월 동안 영국을 대표하는 학벌이자 최상위 고등 교육을 담당했다. 현재까지도 옥스브리지는 영국을 넘어 전 세계 대학의 상아탑 역할을 하고 있다. 두 대학은 오랜 기간 스포츠 등 정기 라이벌전을 이어 왔고 이는 현재 전 세계 유명 대학교들 사이에서 이루어지는 라이벌전의 유래가 되었다. 대표적으로 하버드 대학교와 예일 대학교 사이의 라이벌전, MIT와 칼텍의 라이벌전, 와세다 대학교와 게이오기주쿠 대학교의 라이벌전이 있다.

(위키백과 검색)

이 검색 결과를 대략만 읽어보아도 '옥스퍼드', '케임브리지'뿐 아니라 '하버드', '예일', 'MIT', '칼텍', '와세다', '게이오기주쿠' 등의 이름이 눈에 띄고 이러한 이름들이 그 나라의 명문대학이라는 것을 쉽게 알 수 있습니다.

학생들이 힘들어하는 입시경쟁을 아무런 개선 없이 계속 지속해야 한다고 주장하는 사람은 아무도 없을 것입니다. 학생들이 더 여유를 누리고 편해질수 있는 좋은 방법이 있다면 계속 연구하고 고민하면서 그러한 방법들을 더 찾아내야 한다는 것을 누가 부정하겠습니까? 단지 그렇게 해야 한다는 것과 지금 당장 모든 결과를 똑같이 만들어서 입시라는 관문을 무의미하게 해야 한다는 것은 전혀 다른 이야기가 될 것입니다.

저는 외교 전문가는 아닙니다만 이런저런 뉴스들을 접할 때마다 느끼게 되는 것은 결국 국가 간에 벌어지는 국제정치외교의 본질은 피도 눈물도 없이 오직 자국의 국익만을 우선하며 벌어지는 치열한 경쟁 그 자체일 수밖에 없다는 것입니다. 우리의 선조들께서도 미처 외세의 침략을 막아내는 힘을 충분히 키우지 못하여 한때나마 나라를 빼앗기는 수모를 겪으시지 않으셨습니까? 과학의 발전이라는 표현은 참으로 고상하게 들리지만 사실, 무기의 발전이라는 의미가 내포될 수밖에는 없습니다. 이에, 성실한 연구를 통해 더 발전된 과학력을 가진 쪽이 힘의 논리에 입각해서 돌아가는 국제정치외교에서 우위를 가지게 될 수밖에 없지요. 이렇다 보니 저는 아무리 생각해도 경쟁이 전혀 없는 유토피아를 상상하기가 어렵습니다. 이미 언급했듯 만약 AI가 확실하게 발달하고 뉴럴링크가 상용화되어서 새로운 지식을 우리 뇌에 업데이트만 하면 되는 그런 시대가 정착된다면 그때는 비로소 우리가 하고 있는 이러한 경쟁들이 사라지는 것이 가능할지는 모르겠습니다만 일단 지금 당장 그렇게 될 수 있는 것은 분명히 아닙니다. 그리고 이러한 예측도 사실 어떻게 흘러갈지 장담할 수 없는 막연한 추측일 뿐 다른 형태의 또 다른 경쟁이 새롭게 대두될지 그 누가 알겠습니까? 그러다 보니 저는 학생들에게 열심히 공부하라는 독려를 하지 않을 수가 없습니다. 전혀 예상치 못한 그 어떤 시련이 온다 해도 일단은 머릿속에 지식이 적은 것보다는 많은 것이 더 낫다고 생각하기 때문입니다. 물론, 성실한 공부를 통해 많은 지식을 쌓았음에도 불구하고 도저히 넘을 수 없는 시련이라는 것도 얼마든지 있겠지요. 세상의 모든 풍파를 100% 다 견뎌낼 수 있다고 장담할 수 있는 이가 누가 있겠습니까? 최선을 다하였음에도 불구하고 피할 수 없는 좌절이 있다면 그 또한 그 사람의 운명이라 할 수밖에 없을 것입니다. 그래도 일단은 학창 시절에 열심히 공부를 한 쪽이 그렇지 않은 쪽보다는 이런저런 어려움들을 잘 극복할 확률이 높지 않겠습니까? 저는 우리 학원의 학생들이 누구보다도 더 좋은 대학에 가서 훌륭한 교수님을 만나 최고급 지식을 배울 수 있기를 진심으로 바라고 있습니다. 그래서 이들이 훗날 사회에 나왔을 때 누구에게도 밀리지 않을 지적 역량을 갖춘 그런 인재가 되었으면 합니다.

세상을 살다 보면 따뜻한 위로의 말을 건네는 사람들은 쉽게 만날 수 있습니다. 별다른 비용이 발생하는 것도 아닌데 듣기 좋은 말 해주는 것이 뭐가 어렵겠습니까? 오히려 지금은 입바른 소리해주는 사람들이 사라져 버린 시대가 되었습니다. 괜히 오지랖만 넓은 꼰대라고 인식되는 것이 두려워서인지, 비록 듣기에는 좀 싫어도 반드시 필요한 그런 종류의 말들이 있을 텐데 이제는 누구도 그런 말은 하려고 하지 않습니다.

저는 학생들에게 위로도 많이 하고 칭찬도 많이 합니다. 왜냐하면 학생들이 발전하고 성장하는 모습을 보면 정말로 내 일처럼 뿌듯하니까요. 자연스레 칭찬의 말이 나오게 됩니다. 하지만, 학생이 열심히 공부하지 않는다고 판단될 때에는 꼰대 소리 듣는 것을 두려워하지 않고 할 말은 하는 편입니다. 결코 제가 잘나서가 아닙니다. 성취를 이뤄낸 학생만이 가질 수 있는 자부심 넘치는 눈빛, 뿌듯해하는 미소, 자신감 넘치는 모습 등을 여러 차례 보아온 저로서는 한 명이라도 더 그러한 행복을 느낄 수 있게 하기 위해 입바른 소리를 하지 않을 수가 없는 것입니다.

아직 나이가 어리지만 그럼에도 불구하고 웬만한 어른보다 더 자기 할 일을 잘 해 내는 몇몇 성숙한 학생들을 보게 될 때는, 때로는 정말 존경심마저 느껴지곤 합니다. 저는 우리 학원의 학생들을 한 명이라도 더 세상에서 인정받는 인재들로 길러내고 싶습니다. 그렇기 때문에 저는 학생들에게 마냥 착한 척만 해줄 수는 없는 것입니다. 착한 척이 아닌 진정으로 착한 선생님이 되기 위해서는 매사 분별력 있게 학생들을 지도해 주어야만 합니다. 분명한 것은 시간이 흘러 제게 배운 학생들이 성인이 되고 나면 분명 저를 고마운 선생님으로 기억해줄 것입니다. 그리고 사실 이미 대학생이 된 적잖은 제자들이 제게 그런 소감을 전해주고 있습니다. 그럴 때면 정말 뿌듯함을 새삼 느끼곤 합니다. 솔직히 사춘기 학생들을 가르치는 일이라고 하는 것이 아주 힘들고 고된 작업이 될 수밖에 없는데, 그래도 시간이 흘러 그들이 저를 고맙게 기억해주는 바로 이 맛에 학생지도를 지금도 하고 있는 것입니다!

18
어쨌거나 독서는 필수!

학원은 교육 전반에 대한 깊은 철학을 논하는 곳은 아닙니다. 우리나라 교육이 나아가야 할 미래 방향성에 대해서 결정하고 실행하는 일은 다른 분들의 일이지요. 학원은 어쨌거나 자녀의 성적을 올리기를 희망하시는 학부모님들께서 개인적으로 학원비를 지불하면서까지 점수상승을 위한 서비스를 받고자 하는 의지로 운영되는 곳입니다.

요즘에는 별로 그렇지 않은데 저희 학원이 생긴 지 얼마 안된 초창기에는 저희 학원에 누군가 오셔서 면담을 하게 되면 그

분께서 가지고 계신 나름의 교육철학을 제게 강하게 피력하시는 경우가 가끔 있었습니다. 아마도 새로 생긴 학원이다 보니 학원의 방식이 알려지기 전이었을 테고 그러다 보니 교육관이 각각 다른 학부모님들께서 방문하셨기 때문인 것으로 생각됩니다. 이런 경우 대체로 주시는 말씀이 아이가 너무 스트레스 받지 않게끔 처음에는 차근차근 조금씩만 하다가 잘하게 되면 늘려나가고 시간이 걸리더라도 천천히 하면서 공부에 흥미를 잃지 않게끔 해야 하며 등등등…. 대체로 이러한 내용의 말씀을 주시곤 합니다. 하지만 사실 학원 강사라면 절대로 무시해서는 안 되는 진실 두 가지가 있습니다. 첫째, 학교시험에서 점수가 신통치 않거나 혹은 떨어지게 되는 날에는 학부모님께서 처음에 어떤 말씀을 주셨든지 간에 관계없이 바로 학원을 바꾸시는 경우가 더 많습니다. 즉, 신입 강사분들은 학부모님께서 아이가 스트레스 받지 않게 천천히 차근차근해 달라고 말씀하셨다고 해서 너무 액면 그대로 진행하다가는 뜻밖에도 퇴원을 마주하게 될 수 있습니다. 둘째, 학원 시험을 치르고 성적을 공유해드리면 어머님들의 생각이 많이 바뀌시게 됩니다. 저희 학원은 주기적으로 시험을 치르고 시험을 잘 봐서 높은 점수를 받은 학생의 학년과 점수를 '명예의 전당'이라고 하여 전체 공유를 합니다. 그러면 내 아이보다 낮은 학년임에도 이미 명예의 전당에 랭킹되는 경우를 보게 되시는 경우도 있고 같은 학년이지만 내 아이를 제외한 거의 모든 학생들이 명예의 전당에 랭킹되는 경우를 보시게 되는 경우도 있습니다. 즉, 오로지 내 아이만 생각하실 때에는 우리 아이가 스트레스 없이 흥미로운 공부를 하였으면 하는 생각이 드실 수 있지만 막상 다른 학생들이 어떤 결과를 내고 있는지에 대한 정보를 드리게 되면 기존의 생각을 바꾸시는 경우가 아주 많습니다. 그리고 사실 흥미를 잃지 않고 그 과목을 공부하는 가장 좋은 방법은 무조건 천천히만 하는 것이 아니라 오히려 남들보다 빠르게 고득점을 만들어서 '하면 된다!'는 성취감, '남들보다 앞서 있다!'는 은근한 우월감을 느끼게 하는 것이 더 좋은 방법입니다. 물론, 그럼에도 불구하고 빠른 성취보다는 천천히 진행하는 것이 더 낫다고 생각하시는 학부모님들은 같은 철학을 가진 선생님들로 구성된 학원을 골라 보내시면 되는 것이 사교육의 가장 큰 장점이 될 것입니다. 굳이 철학과 방식이 다른 학원에 학생을 보내신 뒤 학부모님 생각대로 그 학생을 훈육하라고 하시면 효과를 보기도 어렵고 학원 내에서도 면학 분위기가 흐려질 수 있습니다. 같은 떡볶이 집이라도 매운맛을 장기로 하는 집이 있는 반면 순한 맛 떡볶이를 대표메뉴로 하는 집이 있고 때로는 특이하게 짜장 떡볶이를 추구하는 집이 있습니다. 우리가 할 일은 내가 원하는 떡볶이 집을 찾아가 맛있게 먹으면 되는 것입니다. 학원도 마찬가지입니다.

이처럼, 교육의 방식과 철학은 사람마다 다양한 편인데 반면 모두가 인정하는 한 가지 사실이 있습니다. 그것은 바로 독서에 대한 관점입니다. 빠른 성취를 이룰 수 있게 공부를 시켜달라는 학부모님, 시간이 걸려도 좋으니 천천히 진행해달라는 학부모님 할 것 없이 독서를 많이 하는 것이 우리 아이에게 큰 도움이 될 것이라는 생각에 있어서는 누구도 이견이 없습니다. 왜 그럴까요? 아마도 책을 많이 읽는 쪽이 세상을 살아가는 데 도움이 더 많이 된다는 느낌을 우리 모두가 받고 있기 때문이 아닐까요? 책을 많이 읽는 것보다는 적게 읽는 게 너 좋다는 주장을 하는 사람은 찾아보기가 어렵습니다. 심지어 과거 진시황은 분서갱유를 통해 선비들이 책을 읽는 것을 원천봉쇄하기까지 했습니다. 백성들이 지식을 쌓지 못해야 자신의 지배가 영원히 계속될 수 있을 것이라는 속셈에서 자행한 야만적 행위가 될 것입니다. 진시황이 배운 백성들보다는 그렇지 못한 백성들을 만들기 위해 이러한 행위를 했다는 점을 주목해 보면 결국, 독서를 하지 않는 사람일수록 누군가의 지배를 받는 입장이 되기 쉽고, 반면 독서를 통해 지식을 함양한 사람은 상대적으로 그렇지 않은 사람보다 우위에 설 가능성이 높다는 것을 유추해볼 수 있습니다. 그렇다면 우리 어른들은 학생들에게 독서의 중요성을 인지시키고 학생들이 세상을 살아가는 동안 꾸준한 독서를 실천하는 사람으로 자라날 수 있도록 지도해야 할 의무가 있는 것입니다. 그래야 국가의 전체 지력이 올라가고 지력의 우위에 있는 우리나라가 다른 나라보다 더 발전하고 성장할 수 있기 때문입니다.

독서습관을 기르게 하는 것은 입시교육을 시키는 것과는 또다른 측면이 있습니다. 입시교육은 학생에게 범위를 준 뒤 문제를 풀게 해보면 제대로 시험공부를 한 것인지 아닌지를 금방 알 수 있습니다. 하지만 독서하는 목적은 사고력을 확장시키고 머릿속 지식을 지혜로 변용시키고자 하는 데 있습니다. 그러다 보니 어떤 책을 읽은 뒤 그 학생이 진정한 지혜를 깨우쳤는지를 체크해보아야 하는데 이것은 지식을 체크하는 것과는 달라서 정확히 측정하기가 어렵습니다. 단지, 이런 저런 문답과 논술을 통해서 학생의 사고력과 통찰력이 확장되었는지를 간접적으로 파악할수 있을 뿐입니다. 독서를 통해 우리가 얻고자 하는 것이 단순히 지식이 아니라 그것을 슬기롭게 활용할 줄 아는 능력, 다시말해 지혜를 얻고자 하기 위함이 되다보니 '나 초등학교 때 책 좀 읽었어!'라든가 '나 중학교 때 책 좀 읽었어!'라는 식의 한때 했던 독서로는 목표에 도달하는 것이 불가능 합니다. 그리고 초/중/고등학교때 아무리 열심히 독서를 한다고 해도 당장에 해야하는 공부량이 만만치 않다보니 독서에 많은 시간을 할애할 수도 없습니다. 더구나, 독서의 즐거움이라고 하는 것은 사실 아주 고차원적인 것인데, 이제 10대정도 밖에 되지 않은 학생들이 독서가 주는 고차원적인 즐거움을 오롯이 다 알기를 바라는 것도 솔직히 상당히 무리가 있는 기대입니다. 물론 소수의 몇몇 학생들은 정말 그 즐거움이 좋아서 독서를 하는 것일지 모르지만 대다수는 주변인들의 권유로 인해 억지로 한두 권씩 가뭄에 콩 나듯 책 읽기를 할 가능성이 높습니다. 하지만 내 아이가 지혜로운 어른으로 자라게 하기 위해서는 일정 권수 이상의 책을 읽게 하는 것이 꼭 필요하다는 생각을 외면할 수만은 없는 것이 사실입니다. 그러면 어떻게 해야 독서습관을 기르게 할 수 있을까요?

1. 부모님들께서 독서가가 되셔야 합니다. 내 아이로 하여금 책 읽는 습관을 들이게 하는 것은 단순히 책을 많이 사준다고 해서 되는 것이 아닙니다. 아이가 어렸을 때부터 부모님들이 꾸준히 독서를 하는 모습을 보여줄 때 그 아이들은 그 모습을 따라 하게 되고 자연스레 독서습관을 가지게 될 것입니다. 부모님께서도 읽지 않으시는 책을 10대 전후반의 아이들이 스스로 열심히 읽을 것이라고 생각하는 것 자체가 어쩌면 어불성설이 될 수도 있습니다.

2. 가족간 1주일이나 2주일에 한 번씩 독서모임을 하십시오. 같은 책을 가족 구성원 모두가 읽어도 좋고 혹은 서로 다른 책을 읽은

뒤 함께 공유해도 좋습니다. 짧게는 30분 혹은 1시간, 아니면 그 이상도 좋습니다. 책을 읽고서 함께 그 책에 대해서 이야기를 하는 시간을 주기적으로 갖는다면 아이들이 책을 읽지 않을 수 없고 그 시간을 통해 부모님과 대화를 나누며 사고력과 논리력을 키울 수 있을 것입니다. 가족 독서모임뿐만 아니라 마음이 맞는 이웃이 있다면 이웃을 포함한 독서모임도 좋습니다.

사실 독서의 진짜 묘미를 아는 것은 최소 대학생이 된 이후에나 가능하다고 개인적으로 생각하고 있습니다. 물론, 초/중/고등학교때의 나이에도 독서의 즐거움을 알 수도 있지요. 하지만, 제 생각에는 독서가 주는 진짜 고차원적인 즐거움을 이해하기에는 대다수의 10대들은 아직 좀 어린 감이 있고 최소 20대는 넘어설 때 비로소 그 참맛을 점점 더 알아간다고 봅니다. '대체 독서를 어느정도 좋아해야 참맛을 아는 것이냐?'의 질문을 누군가 가질수도 있을 것입니다. 나름 독서가를 자처하는 사람 10명이 있다면 10명 모두 그 질문에 대한 답변이 다를 것이라 생각합니다. 단지, 제가 독서가를 자처하는 분들과 대화

를 나눈 것을 바탕으로 해서 몇 가지 공통된 특징들을 답변으로 잡아보자면,

1. 책 읽는 것을 좋아하는 사람들은 혼자서 밥먹는 것을 별로 꺼리지 않습니다. 왜냐하면, 밥을 먹는 동안 좋아하는 책을 읽으면서 먹을 수 있기 때문이지요. 더구나 요즘은 전자책이 발달해서 핸드폰으로도 얼마든지 전자책을 읽는 것이 가능하므로 예전보다 밥 먹으면서 책 읽기가 더 수월해졌습니다.

2. 대중교통으로 이동을 할 때 독서를 하는 것을 너무도 당연한 것으로 생각합니다. 오히려 독서시간을 확보하기 위해서 대중교통을 더 선호하기도 하지요.

3. 독서가 취미이면서 동시에 컴퓨터게임(또는 콘솔게임 등)이 취미인 경우를 잘 보지 못했습니다. 물론, 독서도 즐기고 게임도 즐길

수 있겠지요. 하지만, 대체로 독서에 흠뻑 젖어 있는 분들은 게임 하느라 독서시간이 상당히 사라져 버릴수 있기 때문에 대체로 게임과 독서를 함께 즐기는 경우가 드문 것 같습니다.

4. 독서와 음주가무를 함께 즐기는 경우 역시 보기 힘든 것 같습니다. 물론, 독서가를 자처하시는 분들이 음주가무를 전혀 즐기지 않는다는 뜻은 아닙니다. 단지, 독서를 위한 시간을 확보하는 것이 필요하다보니까 여가 시간에 음주가무를 추구하는 면이 상대적으로 약한 특징이 있는 것으로 보입니다. 그리고 음주보다는 커피나 차 종류를 더 즐기는 것 같습니다. 독서를 즐긴다는 것은 사실 자신의 뇌를 발달시키려는 의지를 실천한다는 의미도 있다보니 뇌의 기능을 저해시키는 알코올 흡수를 그렇게 반기지는 않는 것으로 보입니다.

지금 나열한 4가지 특징은 전적으로 제 주변에 있는 독서가들을 중심으로 하였기에 통계적으로 유의미하다고 보기는 어렵습니다. 위에 언급 드렸듯 독서애호가가 10명이 있다면 그들의 스타일도 10가지가 될 것입니다. 단지, 그래도 제 주변에서는 이러한 특징을 보이는 것 같으니 참고차 말씀 드린 것이고 어쨌거나 독서의 참맛을 알게 되면 우리가 재미있다고 생각했던 세상적 유혹에 쉽게 빠지지 않고 오히려 독서시간을 더 확보하려는 특징이 공통적으로 있다는 것만은 확실히 알 수 있는 것 같습니다. 그렇다는 것은 분명 세상적 즐거움 정도는 가볍게 초월해버리는 더 깊은 즐거움이 독서에 내재되어 있다는 것을 우리는 유추해 볼 수 있습니다. 결국, 진정한 행복을 추구하고자 한다면 독서습관은 우리 삶의 필수요소라는 결론에 이르게 됩니다. 내 아이가 우리 삶 깊은 곳에 내재된 진짜 행복을 느끼게끔 인도하기 위해서라도 부모님들께서 직접 독서애호가가 되셔야만 합니다. 그러면 분명 아이들도 그 모습을 따라 할 것이고 아무나 갈 수 없는 궁극적인 높은 경지의 행복에 도달하게 될 것입니다.

19

타이밍을 놓쳤을 때
마주할 수 있는 뜻밖의 상황!

매사 타이밍이 중요합니다. 물론, 적시의 타이밍을 좀 놓쳤다고 해서 수습이 안 되는 것은 아니겠으나 기왕이면 타이밍을 잘 잡아서 불필요한 비효율이 발생하지 않으면 더욱 좋을 것입니다. 학생들이 입시공부를 시작하는 것도 적절한 타이밍이 있을 것입니다. 제가 입시공부라고 지칭하는 이유는 어렸을 때(초등학교 저학년까지) 하는 공부와 구분하기 위해서 입니다. 어렸을 때의 공부는 모든 것이 공부라고 간주될 수 있습니다. 학교에서 친구들과 어울리며 학교 일정을 건강하게 참여하고 오는 것도 공부가 될 것 입니다. 하지만, 어느정도 나이가 들고 나면(초등 고학년 또는 중등부터) 시험을 통해 얼마나 지식을 쌓고 있는 지를 측정하며 진행되는 그런 공부를 해야 합니다. 이것을 저는 지금 입시공부라고 지칭하며 말씀을 드리는 것입니다. 입시공부는 시험을 통해 얼마나 성실히 지식을 쌓았는지를 측정하기 때문에 점수와 등급이 나오게 됩니다. 즉, 계량화된 지표로 현황파악이 되지요. 학부모님 누구라도 우리아이가 시험을 잘 치러서 1등급이 나왔으면 하는 바람을 가지고 있으실 것입니다. 하지만, 막상 해보면 1등급을 받는다는 것이 정말 어렵다는 것을 느끼게 됩니다. 특히 고등학생의 경우 과목의 특성에 따라서는 열심히 하기로 마음을 먹어도 중학교때 익혔어야 했던 지식이 부실한 나머지 학교 수업조차 따라갈 수 없어서 포기하는 경우도 많습니다. 그렇다고 고등학교에서 중학교때의 내용을 다시 해줄 수도 없을 것입니다. 결국, 입시공부에도 놓쳐서는 안되는 적절한 시기가 있을 수 밖에는 없지요.

그렇다면, 입시공부를 시작하는 데 있어서 적절한 타이밍은 과연 언제일까요? 사실 이부분은 학생마다 다를 수 있습니다.

하나를 가르쳐주면 열을 깨우치는 학생이 있는 반면에 아홉을 가르쳐주어도 나머지 하나를 스스로 알아내지 못하는 학생도 있습니다. 물론, 처음에는 다소 깨우침이 늦다고 생각되던 학생도 포기하지 않고 꾸준히 노력하면 결국에는 뛰어난 공부역량을 보여주는 학생으로 변모하게 됩니다. 하지만 처음에는 확실히 차이가 좀 있습니다. 그러다 보니 타고난 공부역량이 많은 학생은 입시공부를 좀 늦게 시작해도 금방 상위권으로 올라서는 반면에 그렇지 않은 학생은 어느 정도 노력의 시간이 필요하므로 바로 상위권으로 올라서지는 못합니다. 이 경우에 해당하는 학생이라면 입시공부를 일찍 시작하는 것이 좋습니다. 결국, 입시공부의 타이밍을 잡는다는 것은 학생의 타고난 역량에 따라 달라질 수밖에는 없습니다. 그러다 보니 내 아이가 학습 속도가 빠른 학생인지 느린 학생인지를 아는 것이 매우 중요할 것입니다. 하지만 이를 정확히 파악하는 것은 쉽지 않습니다. 그렇다면 결국 가장 안전한 방법은 내 아이 역량이 어떻든 간에 일단은 학습 습득 속도가 느릴 수도 있다고 가정하고 입시공부를 남들보다 좀 일찍 시작하는 쪽으로 전략을 세우는 것이 될 것입니다.

일단 남들보다 먼저 시작하는 것이 더 유리한 전략임에도 이런저런 사유로 인해 입시공부를 최대한 뒤로 미루었다가 늦게 시작하는 경우들도 상당히 많습니다. 이미 말씀드렸듯 내 아이의 타고난 공부역량이 평균보다 우수한 경우에는 입시공부를 좀 늦게 시작해도 앞서있는 학생들을 따라잡기가 그리 어렵지만은 않습니다. 하지만 내 아이가 우수한 학습능력을 타고났다고 하더라도 예상치 못한 다른 문제로 인해 결국 공부를 성실히 하는 학생으로 변화시키는 데 실패하는 경우가 엄연히 존재합니다. 지금 이 부분을 말씀드리고자 함인데 실패의 요인은 뜻밖에도 친구관계입니다. 학생들은 초등학교 고학년쯤 되면 본인이 사는 동네에서 친구그룹이 서서히 형성되다가 중학생쯤이 되면 상당히 끈끈한 관계로 발전하게 됩니다. 끈끈한 유대감을 가진 그룹으로 발전한다는 뜻은 그 그룹의 내부자들끼리는 돈독하지만 외부자와는 배타성이 있다는 의미로 파악해 주셔야 합니다. 그러다 보니 한번 어떤 그룹에 속하게 되면 다른 그룹의 친구들과 끈끈한 관계가 되기는 오히려 더 어려워져 버립니다. 바로 이 점이 학생을 공부하는 학생으로 변모시키는 데 있어서 문제를 일으키는 요소가 될 수 있습니다. 즉, 내 아이가 일찍부터 입시공부를 시작해서 중량감 있게 공부시키는 학원을 다녔다면 사귀는 친구들도 같은 학원의 비슷한 아이들일 것이고 중학교로 올라가면서 하나의 끈끈한 공부하는 그룹으로 발전할 것입니다. 하지만, 내 아이가 중학생이 되도록 적당히 공부하거나 혹은 별로 공부하지 않았다면 결국 친구들도 그러한 친구들과 어울리게 되고 종래에는 그러한 친구들과 한 그룹이 될 것입니다. 즉, 이 학생이 뒤늦게 공부를 열심히 하기로 결심해도 같은 그룹의 친구들이 공부하지 않으면 자신의 결심을 유지하기가 어렵습니다. 예를 들어 주중에 미처 다하지 못한 공부가 있어서 학원에서 주말보강을 잡았다고 가정해 봅시다. 이 학생은 토요일에 학원 보강을 와야 할 것입니다. 하지만 이 학생을 제외한 같은 그룹의 다른 친구들은 모두 주말에 영화를 보기로 하였다면 이 학생은 분명 마음의 갈등을 느끼게 될 것입니다. 게다가 공부를 이유로 친구들과의 약속을 빠지게 되는 횟수가 늘어나게 되면 결국 그 친구들과 거리가 생기게 되고 자연스럽게 그 그룹에서 멀어지게 될 것입니다. 물론, 노는 친구들과 멀어지면 공부하기에는 좋은 상황일 수는 있으나 중1이나 중2쯤 되면 각자의 친구그룹이 형성되어져 있기 때문에 새삼 공부하는 친구들 그룹에 새롭게 진입해서 우정을 쌓아간다는 것이 그리 간단하지 않을 수 있습니다. 그러다 보니 학생 본인이 느끼기에는 좋은 상황이 아니라 그저 힘든 상황일 뿐이지요. 즉, 배타성이라는 벽에 부딪혀 이 그룹, 저 그룹 어디에도 속하지 못한 채 외톨이가 되었다고 느낄 것입니다. 결국 공부를 열심히 하기보다는 같은 그룹의 친구들 수준으로만 공부하면서 그들과의 교우관계에 더 신경 쓰는 것이 학생으로서는 외톨이가 되지 않기 위한 더 좋은 전략이 될 것입니다. 이러한 이유로 입시공부를 늦게 시작했을 때 내 아이의 친구관계가 뜻밖에도 공부를 방해하는 문제 요소로 작용할 수 있습니다.

어차피 공부를 시키고자 하신다면 남들보다 일찍 입시공부를 시키시는 것이 전략적으로는 확실히 더 유리합니다. 만약, 입시공부를 최대한 늦게 시키면서 내 아이가 흥미를 갖는 그런 영역에 더 오래 머무르게 하고 싶으시다면 반드시 내 아이의 친구들을 신경 써주셔야 합니다. 내 아이가 자주 만나는 친구들이 시간이 흐르면서 결국 끈끈한 하나의 그룹으로 뭉쳐지게 되고, 이 그룹의 평균성적이 내 아이의 성적이 될 가능성이 매우 높기 때문입니다.

20
선생님, 집중이 잘 안 돼요~

　학생들이 집중에 대한 고민을 제게 얘기하는 경우가 많습니다. 공부할 때 집중이 잘 되지 않는 것에 대해 한참 걱정하다가 어렵사리 털어놓고는 합니다. 어머님들과 면담할 때에도 자녀분의 집중에 대해서 아쉬움을 나타내시는 경우가 많습니다. 내 아이가 집중해서 공부하면 좋을 것 같은데 집중을 하지 않으니 공부시간만 늘어지고 능률은 오르지 않는다고 말씀하시며 한숨을 내쉬곤 하십니다. 공부할 때뿐만 아니라 모든 일을 할 때에는 집중력이 정말 중요합니다. 그러다 보니 집중력이 약한 자신을 바라보며 답답해하는 학생들의 마음이 충분히 이해가 되고도 남습니다.

우리는 이 문제를 어떻게 해결해야 할까요? 물론 일단은 집중력을 키우는 것만이 답이라는 생각이 순간 떠오를 것입니다. 문제는 집중이라는 것이 집중하겠다는 의지만으로 되는 것이 아니라는데 있습니다. 아무리 의지력을 발휘해 집중을 하려고 해도 뜻대로 잘 되는 게 아니지요. 그러다 보니 적지 않은 학생들이 공부할 때 자신의 집중력이 약한 것 때문에 상당한 스트레스를 느끼는 것 같습니다.

저는 집중으로 고민하는 학생들에게 이러한 얘기를 먼저 해주곤 합니다.

"집중이 잘 안된다고 고민하는 학생이 네 또래 학생들 중에 얼마나 있을까? 사실 대부분의 학생들이 집중을 잘 못하는 경우가 더 많아서 너만 그런 것이 아니니 집중력이 약한 것에 대해서 일단 너무 스트레스를 받지는 않아도 돼."

그렇습니다. 대체로 학생들과 얘기를 나눠보면 아주 소수의 학생들을 제외하고는 거의 모든 학생이 집중력이 약한 것을 고민합니다. 집중력에 대해서는 고민할 필요가 없다고 생각하는 학생들을 만나기는 참으로 쉽지 않습니다. 그러므로 집중력 문제는 반드시 해결해야 하는 문제인 것은 맞지만 지금 내가 원하는 만큼 집중이 되지 않는다고 해서 남들은 그렇지 않은데 나만 아주 큰 문제점을 안고 있는 거라고 생각할 필요는 전혀 없습니다.

그렇지만 이 문제를 해결하기 위한 방안은 반드시 논해야 할 것입니다. 과연 어떻게 하면 집중력이 좋아질까요?

집중력은 실은 공부를 성실히 하는 학생이 그 경험치를 끊임없이 늘려나가 공부에 있어서 일정 수준 이상의 경지에 도달했을 때에나 비로소 가질 수 있는 능력입니다. 별로 공부를 하지 않고서 지내다가 이제 슬슬 공부하기 시작한 학생에게 꾸준하게 지속되는 고도의 집중력을 요구한다는 것이야말로 오히려 비합리적인 기대일 수 있습니다. 대체로 초등학생보다는 중학생이, 중학생보다는 고등학생이 집중력이 더 좋다는 것에 동의할 것입니다. 이러한 추세를 갖는 데는 다양한 이유가 있겠지만 공부를 경험 한 시간이 결국 고등학생이 가장 많다는 것도 무시할 수 없는 주요한 요인이라고 생각합니다. 그렇기 때문에 만약 어떤 중학생이 고등학생 못지 않은 공부 시간을 채웠다고 한다면 그 학생은 웬만한 고등학생 이상의 집중력을 발휘할 수도 있습니다. 저희 학원을 다녔던 한 학생(그 당시 중3)을 예로 들어 보겠습니다. 그 학생은 목요일 날이 되면 원장실에 와서 다소 피곤해 보이기는 하지만 자부심이 분명히 느껴지는 그런 표정을 지으며,

"선생님, 저 월, 화, 수 합쳐서 순공시간 40시간 나왔어요."

라는 말을 하고 가곤 하였습니다. 방학이어서 집에서 초시계로 시간을 재면서 공부를 해보았는데 이렇게 나왔다는 뜻이었습니다. 3일간 40시간의 순공시간이 나왔으니 하루에 13시간씩 공부했다는 것을 알 수 있습니다. 자신이 원하는 고등학교에 가기 위해 꾸준히 이것을 실천하는 학생이었는데, 이 학생의 공부시간은 고3 못지 않다는 것을 누구도 부인할 수 없을 것입니다. 이 학생이 학원에 왔을 때 공부하는 모습을 보노라면 고도의 집중력을 발휘하는 사람만이 뿜어낼 수 있는 아우라가 확실히 느껴졌지요. 그러면 이 학생은 처음부터 고3 못지 않은 공부력을 발휘했을까요? 전혀 그렇지 않을 것입니다. 이 학생은

어릴 때부터 꾸준히 목표한 공부량을 실천함으로써 집중력을 계속 훈련시켜 온 것입니다.

"선생님, 집중이 잘 안 돼요"라는 고민을 토로하는 학생에게 '너의 순공시간은 어떻게 되니?'라고 묻는다면 대체로 뭐라고 답할까요? 답변을 들어보면 애초에 공부하는 시간 자체가 짧은 경우가 상당히 많습니다. 집중을 잘하기 때문에 공부시간이 길어진다는 것도 맞는 말이지만 사실 순서적으로는 공부시간을 의도적으로 길게 가져가 집중력을 키우는 훈련이 선행되어야 하는 것이 먼저입니다. 즉, 처음에는 집중이 되든 안 되든 공부시간을 일정량 이상 채워서라도 공부 경험치를 많이 쌓는 것이 우선이라는 뜻입니다. 학창시절 친구들과 농구게임을 한 경험을 떠올려 봅시다. 처음에는 슛을 쏘아도 골대에 잘 들어가지 않았을 것입니다. 저 역시 아무리 집중해서 슛을 쏘아보아도 백보드나 링을 맞고서 튕겨져 나오는 공을 허무하게 바라봐야만 했지요. 하지만, 개의치 않고 슛 쏘는 연습을 장시간 하게 되면 그때부터는 슛이 잘 들어가기 시작합니다. 즉, 훈련을 통해 몸에 익히게 된 것이지요. 골이 잘 들어가기 시작하면 경기하는 동안에 집중을 더 할 수 있게 됩니다. 즉, 엄청난 연습이 집중력을 강화시켜 준 셈이지요. 그래서 저는 집중력을 키우고자 하는 학생들에게 일단 집중이 되든 되지 않든 목표한 공부시간을 반드시 지키라는 조언을 해줍니다. 어떤 학생은 집중이 안 되는 날은 공부를 짧게 하고 집중이 잘 되는 날은 공부를 길게 하는 방식으로 하기도 하는데 그렇게 하면 공부하는 절대 시간 자체가 남들보다 짧아질 우려가 있습니다. 집중이 잘되는 날보다는 안되는 날이 훨씬 더 많으니까요. 그리고 집중하는 능력이 잘 키워지지도 않습니다. 왜냐하면 그런 방식으로 하면 아무래도 공부경험치의 쌓이는 정도가 일정 시간 이상의 공부량을 꾸준히 실천하는 것보다는 적을 수밖에 없으니까요. 집중이 잘 되는 날이든 안되는 날이든 오늘 10시간을 공부하겠다고 마음 먹었다면 반드시 그 시간을 채우는 것이 중요합니다. 공부 경험치를 쌓는 것 자체가 내 안의 집중력을 강화시키는 훈련이 되기 때문입니다.

그리고 집중을 잘하고자 한다면 평소 내 생활을 절제된 흐름으로 유지할 필요가 있다는 얘기도 학생들에게 꼭 해주고 싶습니다. 역사소설 '삼국지'에 나오는 책사 제갈량, 혹은 '초한지'에 나오는 책사 장량 등등, 이런 사람들은 대체로 신선 같은 모습으로 묘사되는 경우가 많습니다. 음주(飮酒)를 하기보다는 다도(茶道)를 선호한다든가 시끄럽고 요란한 유희를 즐기기보다는 조용히 방에 앉아 독서와 사색을 즐긴다든가 하는 식으로 말이지요. 머리를 써서 기발한 계책을 내야 하는 일을 하는 사람들의 특징이 그런 식으로 묘사되는 데에는 그만한 이유가 있을 것입니다. 남들보다 뛰어난 생각을 하기 위해서는 집중하는 것이 중요한데, '집중을 잘한다'는 것은 결국 '잡념이 적다'는 것을 의미합니다. 즉, 역사소설 속 책사들이 절제된 삶을 사는 것으로 묘사되는 이유는 이들이 머릿속에 잡념으로 들어차게 될 일들은 가급적 하지 않으려 한다는 것을 독자들에게 보여주기 위함이라고 이해해도 좋을 것입니다.

사실, 중고등학생들은 어차피 학교와 학원을 오가는 생활을 하기 때문에 대체로 절제된 범위 안에서 삶을 영위하게 됩니다. 그러므로 지금 논하는 이 부분은 오히려 대학생이 된 이후에 살펴야 할 사항이라 볼 수 있습니다. 과도한 음주를 곁들이며 즐기는 요란한 유희는 결국 머릿속 잡념으로 남게 됩니다. 이는 집중력 하락의 원인이 되지요. 그래서 만약 고도의 집중력을 원한다면 요란한 유희를 즐기는 습성은 애초에 발달시키지 않는 것이 더 낫다고 생각합니다.

솔직히, 집중력은 아무나 가질 수 있는 능력은 아닙니다. 평소 생활 패턴을 난잡하지 않게 유지하면서 꾸준히 일정시간 이상 공부를 실천하는 사람만이 가질 수 있는 고도의 기술입니다. 지금 당장 집중이 되지 않는다고 해서 학생들이 심리적으로 너무 스트레스를 받을 필요는 없겠으나 그래도 고도의 집중력을 갖기 위한 노력은 게을리하지 않기를 바랍니다. 만약, 고도의 집중력을 오랜 시간 발휘할 수 있는 능력을 갖춘다면 사회에 나왔을 때, 성공하는 사람들의 반열에 반드시 올라설 수 있을 것입니다.

학생들의 성공을 진심으로 기원합니다!

21

학생들이 갖추게 될 철학의 깊이가 미래의 생존을 좌우한다!

요즘 사람들 사이에서 대화를 나누다 보면 대체로 우리 삶의 패러다임이 급변하는 과도기적인 현시대에서 어떻게 생존할 것인지에 대한 얘기들로 주제가 흘러가곤 합니다. 과학 발전의 정도가 신의 영역을 침범했다고 일컬어질 정도로 심화되어 있는 지금, 앞으로의 삶의 형태가 급속도로 변하게 될 것이라는 점은 누구도 부인할 수 없을 거라 생각합니다. 80년대를 살았던 사람들이 마주한 90년대, 90년대를 경험한 사람들이 맞이하게 된 2000년대 등은 큰 차이가 없었을 것입니다. 하지만 2010년을 지나 2020년이 되면서 기존의 패러다임이 더 이상 통용되지 않는 혼란한 상황들이 점점 더 많이 생겨나고 있습니다. 하루하루 지나고 나면 더더욱 인간처럼 변해가는 인공지능 로봇의 발전만 해도 이미 우리의 일자리를 상당히 위협하는 양상을 보이고 있습니다. 물론, 결국 인간이 처리해야 하는 영역이 존재하므로 로봇과 인간의 적절한 조화를 모색한다면 일자리가 오히려 늘어나는 효과를 기대할 수 있다는 주장도 존재합니다. 그동안 전개된 산업혁명이 가져온 변화 양상이라는 것이 궁극적으로는 인간의 효용을 증가시켰기 때문에 그러한 기대가 단순한 정신승리가 아니라 오히려 지난 추세를 반영하는 합리적 기대일수 있다는 점을 저 역시 완전히 부정하는 것은 아닙니다. 하지만 설혹 그렇다 할지라도 부인할 수 없는 것은 변화 그자체가 누군가에게는 위협이 된다는 점입니다. 즉, 기존 패러다임이 새로운 것으로 완전히 대체가 이뤄져 안정기에 접어든 이후라면 모르겠으나 패러다임이 한창 변화하는 과도기적 상황에서는 누구라도 도태되는 공룡의 신세가 될 가능성이 있기 때문에 변화 자체를 위협으로 느끼는 사람들이 많을 수밖에 없습니다.

사실 우리의 미래를 강타할 4차 산업혁명이라는 변화는 워낙 광범위하고 예측불허하기에 과연 누가 변화의 물결을 피할 수나 있을지 상상조차 어렵습니다. 로봇이 처음 개발될 때에는 블루칼라 업종이 위협을 받는다고 하였으나 인공지능이 급속도로 발전하기 시작한 요즈음에는 오히려 고도의 복잡성을 요하는 전문직이 더 빠르게 인공지능에 대체될 것으로 예측되고 있습니다. 병원에서 인간 의사의 진단보다는 인공지능 의사의 진단이 더 신뢰가 가고 법정에서 인간 판사의 판결보다는 인공지능 판사의 판결이 더 공정하게 느껴지는 그런 시대로 접어들고 있는 것입니다. 미슐랭 최고등급의 요리도 결국 정교한 기계가 만들게 될 것입니다. 이뿐이겠습니까? 일일이 거론할 것도 없이 모든 영역에서 기계로의 대체가 진행될 것입니다. 이로 인해 우리 삶을 둘러싸고 있던 기존의 패러다임이 모두 무너지고 완전히 새로운 패러다임으로 대체가 될 것입니다.

어차피 다 변할 것 같으면 뭣하러 공부하느냐고 항변하는 학생들이 있을 수 있습니다. 얼핏, 타당한 주장인 듯 들리지만 조금만 더 생각해 보면 역시나 우리 삶 속 진리에 부합하는 주장은 아닙니다. 공부는 단순히 특정 기술을 익히기 위해서만 하는 것이 아니기 때문입니다. 우리의 공부가 특정한 기술을 익히는 것만으로 끝난다면 어차피 구식이 될 기술을 익힐 필요는 굳이 없겠지요. 하지만, 우리가 공부하는 영역은 특정 기술을 넘어서서 세상의 큰 흐름을 통찰하고 이해하는, 그런 철학에 이르기까지 폭넓게 분포합니다. 게다가 어떤 패러다임이 새로운 패러다임에 의해 대체되었다고 해서 기존의 지식이 생명력을 완전히 잃는 것도 아닙니다. 변화로 인해 예전에 통용되던 어떤 지식이 실용성의 관점에서 그 효용가치를 잃었을지는 모르겠으나 기존의 지식에 대해 해박하게 공부가 되어있는 사람이 그렇지 않은 사람보다 새로운 지식에 대한 이해가 훨씬 더 빠르고 깊이가 있다고 한다면 기존의 지식은 여전히 그 의의를 지니고 있는 것입니다. 새로운 화두로 떠오른 인공지능조차 사실은 인간의 뇌를 기본으로 해서 연구되는 것 아니겠습니까? 그렇다면 인공지능을 개발하는 일도 인간의 뇌에 대한 이해가 깊이 있게 되어야 제대로 할 수 있을 것입니다. 즉, 기존에 연구되어 있는 인간 두뇌에 대한 지식이 적극적으로 활용될 수밖에 없는 것입니다.

저는 학생들에게 '치열하게 공부하고, 꾸준하게 독서하며, 의미있게 사색하라!'는 말을 꼭 전하고자 합니다. 변화하는 미래 사회에서 생존 가능성을 높이기 위해서는 시대를 관통하는 철학을 가질 필요가 있다고 보기 때문입니다. 깊이 있는 통찰력으로 당면한 과제에 대한 본질 파악을 빠르게 하면서 전략적인 삶의 행보를 걸어갈 수 있다고 한다면 그 사람은 어떠한 혼란 속에서도 생존해 낼 수 있을 것입니다. 물론, 세상의 변화가 기존과 큰 차이가 없다고 한다면 깊이 있는 철학이라는 것이 그다지 필요하지 않을 수도 있겠지요. 이전 선배들이 갔던 길을 그대로 가면 될 테니까요. 하지만 앞으로의 세상은 이전 세대가 살았던 세상과는 많이 다를 것입니다. 우리는 선배들이 갔던 길을 그대로 갈 수 없을 것이 분명합니다. 이것이 우리가 현시대를 통찰하는 철학자가 되어야 하는 이유입니다. 깊이 있는 철학으로 자신만의 길을 만들어 나가야 하기 때문입니다.

지금은 최첨단을 달리는 과학의 시대이지만 오히려 그 어느 때보다 깊이 있는 철학이 필요합니다. 학생 여러분들은 치열하게 공부하고, 꾸준하게 독서하며, 의미 있는 사색을 하시기 바랍니다. 자기만의 굳건한 철학을 확립하여 요동치는 혼란 속에서도 성공의 길로 나아갈 수 있는 능력을 갖추시기 바랍니다! 내가 갖추게 될 철학의 깊이가 앞으로의 생존을 좌우하게 될 것입니다!

22
이번 중간고사는 전원~

이번 ○○중학교, △△중학교 중간고사에서

저희 학원 학생들 전원이 최소 90점 이상을 받았습니다~

최소 95점 이상 받은 비율은 82%이고

이중에서 74%는 100점이 나왔습니다~

늘 성실히 학생지도에 임하겠습니다~

이번에 학교 시험을 치르고 나온 결과를 블로그에 공지한 글입니다. 정말 열심히 학생을 지도하면 실제로 재원생 전원이 한 명도 빠짐없이 최소 90점 이상을 받을 수도 있다는 것을 실제로 증명했다는 것에 저와 저희 학원 선생님들은 큰 의의를 두고 있습니다. 누군가의 인정을 받고 안 받고의 문제가 아니라 저희 나름대로의 자부심을 가지고서 더 적극적으로 학생들을 지도할 수 있는 심적 자신감이 강화되었다는 것에 의의를 두고 있다는 뜻입니다. 다음번에는 재원생 전원 100점을 노려보자는 마음으로 저희들은 지금도 열심히 학생지도에 임하고 있습니다.

23
학원강사 10년이면
관상쟁이가 된다!

"학원강사 10년이면 관상쟁이가 된다!"

이렇게 말을 하면 '그게 무슨 말이야?' 하는 의문이 들 것입니다. 제가 말하는 관상쟁이가 된다는 뜻은 학생을 처음 봤을 때 학생의 향후 공부 흐름을 가늠하는 데 있어서 관상쟁이처럼 예측도가 올라간다는 뜻입니다. 물론, 관상을 믿고 안 믿고는 개인적으로 다를 것입니다. 누군가는 관상으로 사람을 판단하는 것은 근거 없는 선입견이라고 생각하는 반면에 또 다른 누군가는 오히려 관상은 통계학만큼이나 상당히 정확하다고 주장하기도 합니다. 어차피 제가 지금 말씀드리고자 하는 관상이라는 것은 일종의 비유법이므로 관상에 대해서 별로 신뢰하지 않으시는 분들도 이 글을 읽는 데 있어서는 전혀 문제가 되지는 않으실 것입니다.

대부분의 학원이 그렇듯이 저희 학원도 학생이 처음 방문하게 되면 레벨테스트를 진행합니다. 테스트 시간은 대략 100분이 주어지는데 이때 학생이 테스트를 치는 모습을 CCTV로 원장실에서 확인하게 됩니다. 시험을 치르는 학생의 모습을 보면 앞으로의 학습이 얼마나 순조로울지 판단이 가능하기 때문입니다. 저희 학원은 초6~중3을 대상으로 하는데 가장 나이가 어린 초6학생조차도 바른 자세로 열심히 100분간 시험지를 이리 보고 저리 보고 하는 학생들이 있습니다. 일단, 이러한 학생은 앞으로 하게 될 학습의 성과가 잘 나올 가능성이 매우 높습니다. 시험점수가 낮게 나와도 100분의 시간을 바른 자세로 시험지를 바라보며 문제에 대한 도전을 지속하는 학생이면 얼마든지 성과를 만들어 낼 수 있습니다. 그리고 시험을 치른 후에 자기가 앉았던 의자를 책상 안으로 집어넣어 원래대로 하고서 귀가하는 학생들이 있습니다. 이 학생들도 학습성과가 잘 나올 가능성이 높습니다. 공동체의 규칙을 잘 준수해 주어야 한다는 인식을 가진 학생들이 아무래도 선생님의 말씀도 더 존중하면서 선생님이 내어주는 숙제를 정성껏 해 올 가능성이 높기 때문입니다. 그리고 공부를 시켰을 때 학습성과가 잘 나올 것으로 예상되는 학생들은 거의 모두가 눈빛이 좋습니다. 학생들이 친구들과 어울려 놀이할 때는 누구나 눈빛이 초롱초롱 빛이 날 것입니다. 하지만, 학원에만 오면 눈빛이 힘을 잃고 초점이 흐려지는 경우가 많은데 공부 성과가 잘 나오는 학생들은 학원에 와서도 총명함을 잃지 않는 생동감 있는 눈빛을 그대로 유지합니다. 즉, 학원에 와서도 눈빛이 힘을 잃지 않지요. 이는, 공부를 하겠다는 마음이 있을 때에만 가능한 일이라 생각합니다. 즉, 많은 선생님이 학생들을 처음 학원에서 보게 되면 늘 눈빛을 유심히 보게 되는 것도 이러한 이유 때문입니다.

반면, 성과가 잘 나오지 않는 학생은 정확히 위와 반대되는 행동을 보입니다. 일단, 시험을 치르는 동안 이런저런 불필요한 행동들이 많이 들어가고 100분을 다 채우지도 않습니다. 대충 찍고서 예정된 시간보다 일찍 시험을 끝내는데, 심한 경우는 5분 만에 시험지를 반납하고 교실에서 나오는 경우도 있습니다. 자신이 앉았던 의자를 책상 아래 원래의 자리로 넣는 경우는 절대 없습니다. 오히려 자리에서 일어나느라 의자뿐 아니라 책상까지 비스듬한 모습으로 두고서 그곳을 떠납니다. 눈빛에 대한 판단은 주관적인 것이어서 선생님마다 느끼는 것이 다를 수 있으나 최소한 제 경험에는 이러한 학생들의 눈빛에서 특별히 총명함을 느껴본 적은 없습니다. 오히려 학원에 있다는 사실만으로도 학생이 짜증을 느끼고 있다는 것이 눈빛을 통해 전해져 올 정도입니다.

처음 학생들을 보게 되었을 때 지금 말씀드린 것들을 반드시 살피게 되는 그런 습관을 오랫동안 학생을 가르친 사람이라면 거의 누구나 가지게 될 것이라 생각합니다. 학생들의 이러한 행동 양식은 앞으로의 학습성과에 있어서 예측력이 높은 기준이 되어 주기 때문입니다. 우리가 살아가는 데 있어서 공동체를 위해 가져야 할 약간의 매너만 익히게 해도 공부에 임하는 마음

가짐을 크게 바꿀 수 있습니다.

학생들의 공부 관상이 더 좋아지기를 진심으로 바랍니다.

24

제3의 길을 통해
파랑새를 찾아내다?

대한민국에서 자녀 교육을 시킨다는 것이 결코 쉬운 일이 아니다 보니 학부모님들께서는 교육에 대한 이런저런 아쉬운 감정들을 느끼실 것이라 생각됩니다. 특히 대학 입시를 위한 교육은 사실 전쟁과도 같아서 더더욱 전략적 선택을 잘 해야 하는 어려움이 있습니다. 여러 학부모님을 만나뵙다 보면 학부모님만의 특색 있는 철학을 강력히 피력하시며 현 입시체제를 신랄하게 비판하시는 경우가 종종 있습니다. 대다수의 학생들이 가는 길을 내 아이에게는 별로 권하고 싶지 않으시다는 의사표

현처럼 느껴지곤 합니다. 학부모님들께서 가지고 계시는 자녀 교육전략에 대해 어느 것이 더 좋고 어느 것이 그렇지 않다는 식의 판단은 누구도 쉽게 할 수 있는 것이 아닙니다. 단지, 그럼에도 불구하고 우리가 유념해야 할 진실이 분명 존재합니다. 그것은 대학입시에서 자신이 원하는 성과를 내는 학생들의 공부 방식은 큰 틀에서는 대체로 유사하다는 점입니다. 그러다 보니, 입시전략에 있어서 학부모님께서 가지고 계신 나름의 교육방식이, 대다수의 학생들이 취하지 않는 독특한 방식이라고 한다면, 이는 유리한 전략이기보다는 불리한 전략일 수도 있다는 관점에서 그것을 한 번쯤 재점검해 보실 필요는 있습니다. 입시공부를 할때에는 누구라도 효과적인 공부법에 대한 치열한 고민을 하지 않을 수 없습니다. 그러다 보니 시간이 흐르면서 여러 수험생에 의해 통계적으로 증명되고 축적된 성공 방식이 자연스레 존재하게 되지요. 실제로 제가 학원을 운영하면서 만나게 되는 학부모님 중에 독특한 교육철학을 분명하게 강조하는 학부모님의 경우, 그 자녀분들의 레벨테스트 결과가 평균보다 높았던 경우는 오히려 더 적었습니다.

게다가 학부모님께서 제3의 길에 대한 철학을 너무 강하게 가지고 계시면 예상치 못한 또 다른 문제를 마주할 수 있습니다. 어머님이 가지고 계신 교육에 대한 관점은 자녀에게 자연스레 전달이 됩니다. 공부를 시키시다 보면 처음에는 제3의 길을 찾으려고 하셨던 어머님들께서도 결국 대다수의 학생들이 하는 방식으로 생각을 바꾸시는 경우가 많습니다. 하지만 자녀분이 어머님의 생각 변화에 호응하지 않는 일이 생깁니다. 그 학생은 이미 제3의 길이 어딘가에 존재한다는 생각을 강하게 가지게 된 것이지요. 즉, 어머님께서 늦게나마 여러 학생에 의해 통계적으로 검증된 그런 방식으로 공부를 시키려고 하셔도 학생이 이를 애초에 거부하지요. 운 좋게 학생이 잘 설득되어서 검증된 방식으로 공부를 하게끔 해 성적 상승에 성공한다고 해도 이것이 또다시 그 학생으로서는 제3의 길을 찾아 떠나는 근거가 되어 버립니다. 성적이 올랐으니 제3의 길을 찾는 데 소비할 시간적 여유가 생겼다는 판단이지요. 그래서 정작 성적을 올려주는 공부법에서 다시금 멀어지게 되는 것입니다.

독특한 방식이 더 맞는 학생이 분명 있을 수 있습니다. 병원에서 고치지 못했던 병을 민간요법으로 고쳐내는 일도 있지 않습니까? 하지만, 대부분의 사람들은 몸에 병이 생기면 민간요법보다는 병원을 찾습니다. 확률이 높은 방식으로 치료하는 것을 더 원하기 때문이지요. 공부도 이와 유사합니다. 자신에게 딱 맞는 나름의 방식을 찾고자 하는 노력을 꾸준히 하는 것 자체는 분명 필요한 일이지요. 단, 이는 어디까지나 검증된 방식을 먼저 열심히 해보면서 자기가 가진 공부 성향에 대한 정확한 분석을 한 뒤 확실한 근거에 입각해서 나만의 방식으로 발전시켜야 하는 것입니다. 처음부터 많은 학생들이 하는 방식에 대한 반발심을 가지고서 무턱대고 제3의 길로 가는 것은 더 큰 위험을 초래할 수 있습니다. 파랑새는 먼 곳에 있다는 생각이 오히려 가까이에 있는 진짜 나의 파랑새를 보지 못하게 만들 수 있습니다.

25
요한계시록의 거짓 선지자들!

성경의 마지막에는 요한계시록이 있습니다. 인류의 종말에 대한 예언이 담긴 것으로서 최후의 시대가 될 때 나타나게 되는 징조들을 기록하고 있습니다. 만약 성경이 진리라고 한다면 이 예언서가 가지고 있는 의미는 무엇일까요? 아마도 예언서에 담긴 인류 종말을 불러오는 잘못된 것들에 대해서 경계하고 잘 대처하라는 뜻일 것입니다. 즉, 우리가 어떻게 대처하느냐에 따라서 종말이 현실이 될 수도 있고 기약 없이 미뤄지는 예언으로 남아있을 수도 있다고 봅니다.

공부를 하고 있는 학생들도 마찬가지입니다. 학생을 지도하는 여러 스타일의 선생님들이 계시고 또 학생에게 도움이 되는 공부 격언도 많이 있지만 학생이 누구의 영향을 받고 어떤 말에 감화되는지에 따라서 학생의 미래는 상당히 달라질 수 있습니다. 제가 문학적 과장법을 써서 이 글의 제목을 '요한계시록의 거짓 선지자들'이라고 하였지만 교육에 대한 관점은 워낙 다양하고 또 학생마다 특성이 다르기 때문에 한 사람의 기준을 가지고서 다른 사람의 교육관을 참과 거짓으로 판단하는 것은 부적절하다고 생각합니다. 단지, 학생이 일단 자기 자신을 잘 파악하고서 본인에게 맞는 교육이념을 잘 따라가야지 그렇지 않고서 아무런 생각 없이 누군가의 교육관을 그냥 수용하거나 혹은 잘못 해석한 채로 수용하는 경우 아무리 좋은 교육이념이었다고 해도 결과론적으로는 그것이 거짓선지자의 미혹된 말과 같은 악영향을 본인에게 끼칠 수 있습니다.

제 기준에서는 다음의 몇 가지 말이 좋은 말이었음에도 불구하고 제가 잘못 해석했더라면 오히려 독이 될 뻔했던 말들입니다.

1) '행복은 성적순이 아니잖아요.'

이 말은 1989년 강우석 감독의 영화 제목입니다. 그리고 이 제목은 당시 성적을 비관하여 극단적 선택을 한 어느 여중생이 남긴 유서의 마지막 문구이기도 하다고 전해지고 있습니다. 당시의 공부 경쟁이 얼마나 치열했는지를 잘 보여주는 표현이고 우리가 생각해 보아야 할 것들이 많이 있는 메시지라는 것에 저도 동의합니다. 하지만, 이 말에 대한 의미를 누군가 자기 편할 대로 해석해서 자신의 미래를 위해 마땅히 해야 하는 공부를 하는 것조차 하지 않기 위해서 갖다 대는 핑계로 이 말을 활용한다면 그것은 오히려 이 말이 우리 사회에 던지는 진정한 메시지를 훼손시키는 행동이자 스스로의 미래를 돌아보지 않는 경솔한 태도에 지나지 않는다는 것을 지적하지 않을 수 없습니다. 게다가 이 말 한마디가 인생의 모든 진리를 다 담을 수도 없습니다. 사실, 성적이 우리의 행복에 미치는 영향력은 적지 않습니다. 학교에서 시험을 잘 치르고 오면 본인은 물론 부모님까지 행복해하시지 않습니까? 즉, 성적으로 모든 것을 다 규정할 수는 없지만 그렇다고 공부를 열심히 해서 받아내는 성적이 아무런 의미도 없다는 뜻은 결코 아닙니다. 그러니 학생들은 공부를 열심히 해서 기왕이면 좋은 성적을 받으시기를 바랍니다. 나의 행복도가 높아질 뿐만 아니라 온 가족의 행복도도 올라감을 분명히 느낄 수 있을 것입니다.

2) '공부는 못해도 좋다, 착하게만 자라다오!'

이 말은 제가 어렸을 적에 흔히 들을 수 있었던 말입니다. 대체로 나이가 어린 학생들을 격려하기 위해서 주로 사용되는 말이었습니다. 이 말의 진의는 '착한 사람이 되어라'는 쪽에 있고 그것을 강조하기 위해서 '공부는 못해도 좋다'는 표현을 넣었다고 보는 것이 맞을 것입니다. 인성을 바로 세우는 것이 더 중요하다는 의미이지요. 하지만 이 말 역시 제멋대로 해석해서 공부를 안 해도 된다는 쪽으로 왜곡하는 것은 바람직하지 않습니다. 어떤 학생이 '난 착하니까 공부는 못해도 돼'라고 생각한다면 이는 본인의 삶에 큰 오점을 남기는 판단이 될 것입니다. 그리고 솔직히, 인격이 완성되기 위해서는 학창 시절에 공부를 열심히 해보는 것이 매우 중요합니다. 공부한다는 것은 그만큼 인내심을 요구하는 것인데 일정 수준 이상의 참을성을 길러내지 못하면 착한 사람이 되기 어렵기 때문입니다. 최선을 다해서 공부하였음에도 불구하고 성적이 잘 나오지 않는 것은 어쩔 수 없겠으나 애초에 최선을 다해보지도 않은 채 '난 착하니까 공부 안 해도 돼!'라는 핑곗거리로 이 말을 써먹는다면 그것이야말로 불성실한 인격을 드러내는 것에 지나지 않습니다. 그러한 생각으로 인해 본인이 별로 착한 사람이 아니라는 것을 스스로 증명해 버리는 셈이 되지요. 정말로 우리 사회를 위한 좋은 사람이 되고자 한다면 최선을 다해서 공부하는 자세를 가져보는 것이 오히려 더 바람직할 것입니다. 이 말은 절대 공부를 등한시해도 좋다는 뜻이 아닙니다.

3) '세상에는 공부 말고도 할 것이 많다.'

이 말 역시 참으로 좋은 말입니다. 세상에는 꼭 공부만이 모든 것은 아니기에 이는 분명히 타당한 말임에 틀림없습니다. 하지만 역시나 학생들이 이 말을 공부하지 않는 핑곗거리로 활용한다면 결국 후회하는 쪽은 그 학생 본인이 될 것입니다. 세상에는 공부 말고도 할 수 있는 일이 많이 있으나 막상 어떤 일을 하든지 간에 해보고 나면 거의 매번 '공부할 수 있을 때 더 해둘걸'이라는 후회가 든다는 것에 많은 사람이 공감하리라 생각합니다. 더구나 지금은 100세 시대입니다. 나의 첫 직장이 마지막 직장일 수 없는 시대입니다. 예를 들어 내가 운동을 전공해서 젊었을 때 운동선수로 활약했다고 하더라도 은퇴 이후 너무도 긴, 살아야 할 시간이 남아있습니다. 즉, 처음 전공했던 운동을 통해 할 수 있었던 경제활동이 노후까지 지속될 수 있다는 보장이 없습니다. 그렇다면 결국 이런저런 사업을 하게 될수도 있고 혹은 여기저기 투자를 할 수도 있을 것입니다. 다시말해, 지금 시대는 운동을 전공했다고 해서 운동만 잘하면 되는 시대가 아니라 이런저런 지적 역량을 활용하는 일을 하게 될 수밖에 없는 그런 시대입니다. 그러므로 세상에는 공부 말고도 할 것이 많다는 말이 공부하지 않아도 된다는 뜻으로 귀결될 수 없습니다. 세상의 많은 일은 결국 공부와 결부되는 경우가 더 많습니다.

이 밖에도 분명 좋은 말이지만 잘못 해석했을 때 자신에게 오히려 독이 되는 말들은 수없이 많을 것입니다. 학생들은 누군가의 경험에서 나온 말들을 잘 해석해야지, 이를 적당히 왜곡해서 자신의 불성실을 합리화하기 위한 수단으로 활용해서는 안 될 것입니다.

제가 학원을 운영하는 방식은 '아무나 다니지 않는 학원'이라는 개념에 충실하고 있습니다. 물론, 저도 학원의 수익을 극대화하기 위해서는 반을 여러 개 두고서 더 많은 학생을 받는 쪽으로 해야 한다는 것은 너무도 잘 알고 있습니다. 사실, 지금 대기인원으로 되어 있는 학생들을 다 받아들이고, 누군가 입반을 원할 시에 커트라인만 적당히 낮춰주어도 원생수 상승이 얼마든지 가능합니다. 하지만 제가 그런 선택을 하는 순간 학원의 전반적인 면학 분위기가 하락하게 될 것임은 불 보듯 뻔한 일입니다. 저희 학원의 초6은 커트라인이 없고 중1은 보통 커트라인 그리고 중2는 약간 높은 커트라인, 중3은 꽤 높은 커트라인으로 입반 커트라인을 정하고 있습니다. 하지만 커트라인이 없는 초6 학생을 받을 때조차도 학생이 정말로 공부할 의지를 확실히 가지고서 학원에 입반하려는 것이 맞는지를 여러 차례 물어보게 됩니다. 학생이 눈을 반짝이며 분명한 목소리로 그러하다는 답을 해줄 때 비로소 입반시키고 있습니다. 즉, 실력은 일단 뒤로 미뤄두더라도 최소한 하고자 하는 마음가짐만큼은 확실히 있어야 입반이 가능합니다. 어차피 극소수의 학생들을 제외하고는 초6 때 상당한 실력을 갖추고 있는 그런 학생은 별로 많지 않습니다. 하지만 공부의 중요성에 대한 인식만큼은 확실히 하고 있는 학생들이 초6임에도 체크해보면 놀랍게도 은근히 적지 않습니다. 어차피 중1~3학년은 입반 커트라인이 있으므로 입반시험을 통해 기존의 재학생들과 함께 공부할 만한지를 파악하면 됩니다. 이렇게 학생들을 모집하면 학원에는 초6부터 중3까지 자연스레 공부하고자 하는 의지가 있는 학생들만 모이게 됩니다. 공부하고자 하는 의지를 충분히 갖고 있는 학생들만을 모아서 학원 공부를 진행하면 학생들의 집중력이 높은 수준으로 유지되고, 결과적으로 그들의 잠재력이 엄청나게 발휘됩니다. 실제로 이런저런 이유로 저희 학원을 방문하게 되는 같은 분야 관계자 분들이 있으신데 거의 대부분 '마치 고등부 학원에 온 것 같다'는 소감을 말씀하시곤 합니다. 분위기가 좋다 보니 성과도 잘 나옵니다. 저희 학원에는 '실력점검테스트'가 있는데 학원을 개원한 지 얼마 되지 않았을 때에는 이 시험에서 70점만 넘겨도 그 학생은 학원 내에서 1, 2, 3등 정도를 차지하곤 했습니다. 그러던 것이 한 해 한 해 시간이 지날수록, 초6부터 저희 학원에 와서 공부하는 학생들이 늘어나면서 지금은 이 시험에서 100점을 받는 학생이 있을 정도이고, 70점대를 받게 되면 학원 내에서 20등 밖의 등수에 머물게 될 정도로 학원생들의 수준 상승이 있었습니다. 물론, 저희 학원에 학생들을 보내지 않으시는 학부모님들의 경우 지금 제가 드린 말씀이 어느 정도의 성과를 의미하는 것인지 파악하시기에는 어려움이 있으실 것입니다. 저 역시 이 사실이 갖는 진정한 의미를 글만으로 정확히 전달드릴 수 없는 점이 참으로 아쉽게만 느껴집니다. 그렇더라도 제가 나름대로 정리를 해보자면, 공부를 잘한다는 학생들이 받아내는 점수대가 학원 초창기에는 70점대

정도였다면 시간이 흘러 지금은 성적우수자의 점수대가 같은 시험에서 100점에 육박하는 정도가 되었다는 의미로 이해해 주시면 될 것 같습니다. 중학교 시험 결과로 학생의 실력을 판단하는 것은 불확실한 측면이 있어서 저희 학원 실력점검 테스트의 점수 추이를 말씀드린 것입니다. 중학교 시험은 분명 중학생들이 치르기에는 어려운 문제들이지만 그렇더라도 시험 기간에 열심히 공부한다면 기초가 부족한 학생이라도 고득점을 받는 것이 아주 불가능한 것은 아닙니다(고등학교 영어시험은 기초지식이 충분히 쌓이지 않았다면 시험 때의 벼락치기만으로는 고득점이 나올수 없습니다). 중학교 영어시험은 고득점을 받은 학생이라고 할지라도 그 학생이 정말로 영어를 잘 공부했는지의 판별은 고등학교 시험을 치렀을 때 정확히 할 수 있습니다(저희학원 실력점검 테스트가 고등 문제로 구성되어 있는 것은 아닙니다. 중등 문제로만 되어 있으나 실력이 충분하지 않으면 쉽게 점수를 받을 수 없게끔 시험지가 구성되어 있습니다. 이를 통해 앞으로 이 학생이 고등문제도 잘 풀수 있을 정도로 중등기초가 확실하게 쌓이고 있는지를 파악하고 있습니다). 그래서 학생들은 중학교 때 영어공부를 할 때 단순히 학교 시험 A등급이 나왔다고 해서 방심해서는 절대 안 됩니다. 고등학교에 가서도 1등급이 나올 수 있는 정도의 실력을 쌓아주는 훈련을 중학생 때 해놓는 것이 매우 중요합니다. 사실, 제가 앞서 말씀드린 저희 학원 시험인 실력점검테스트에서 30점을 겨우 넘기는 정도의 점수를 받는 학생조차 학교시험에서 A등급을 받은 바 있습니다. 물론, 저희가 그 학생을 위한 시험 대비를 아주 아주 열심히 해주긴 했지요. 그리고 실력점검테스트 50점대를 넘기는 학생은 거의 대부분 100점을 받아옵니다. 즉, 학교시험 90~100점이 나왔다고 하더라도 실력점검 테스트에서 30점~50점 정도밖에 되지 않는다면 고등학교에 갔을 때 1등급을 받는다는 것은 매우 어려운 일이 되어 버립니다. 저희 학원 실력점검테스트에서 100점을 받는 학생도 있다는 것을 감안하면 중학생 때 학교에서의 영어 시험이 100점이라고 하더라도 학생들마다의 진짜 실력은 그 차이가 천차만별일 수밖에 없다는 것을 충분히 짐작할 수 있습니다. 관건은 고등학교 시험 1등급이 되느냐 하는 것입니다.

10명의 학생 중 한 명만 수업을 방해해도 수업의 효과성은 떨어지게 됩니다. 수업 방해라는 것이 꼭 어떤 적극적인 훼방만을 의미하는 것이 아닙니다. 지각이 잦은 학생이 있거나 숙제를 잘 안 해오는 학생이 있거나 결석을 자주 하는 학생이 있거나 하는 것이 모두 크고 작은 수업 방해입니다. 특정 학생의 이러한 행동이 알게 모르게 다른 학생들의 공부 의지에 적잖은 악영향을 주기 때문입니다. 하지만 모두 공부하겠다는 의지를 가진 학생들이 모인 곳에서는 이러한 문제가 거의 생기지 않습니다. 학생들이 자발적으로 일찍 오고, 숙제는 당연히 해오며, 이유 없는 결석은 절대 하지 않기 때문입니다. 초6~중3 모든 재원생이 이렇게 공부하는 곳이 바로 저희 학원입니다.

"넌 아무나 다니는 학원을 다니니? 난 아무나 다니지 못하는 학원을 다녀!"라는 소박하지만 확고한 자부심을 학생들이 가질 수 있게끔 학원을 관리해 주어야 합니다.

왜냐하면 몇 년 지나지 않아 이 문장에서 '학원'이라는 두 글자는 '대학'이라는 두 글자로 바뀔 것이기 때문입니다.

오늘 예전에 제가 다른 학원에서 고등부 강의를 할 때 제게 배웠던 제자에게서 문자가 왔습니다. '선생님, 저 취업했어요!' 라는 말로 시작하는 문자였습니다. 이 학생은 제 기억에 고등 학교 1학년 2학기쯤부터 제게 배웠던 것으로 생각됩니다. 그동 안 학생이 정말 공부를 안 했었는데 이제부터 달라지기로 했다 면서 제 수업에 들어왔던 학생입니다. 대체로 나름대로 다짐해 봤자 작심삼일인 경우가 많아서 솔직히 실력 향상을 크게 기대 하지는 않았습니다. 더구나 등급이 너무 낮았습니다. 즉, 못

해도 정말 못하는 학생이었기에 도저히 잘할 희망이 보이지 않았던 것입니다. 어쨌거나 학생에게 열심히 하기로 했으니 일단 학교 시험에서 점수를 의미 있는 정도로 올려보자는 다짐을 시키면서 추석 연휴를 반납하고 추석 기간에 하루도 빠짐없이 학원에 나오라고 하였습니다. 그리고 학생만을 위한 특별수업을 진행하였습니다. 학생이 기초가 없었기에 정말 문장의 5형식부터 가르쳐주면서 시험 관련 내용을 설명해야만 했습니다. 속으로 이 학생이 70점만 넘어도 아주 아주 잘한 것이고 만약 80점을 넘기면 기적이라고 생각했었습니다. 왜냐하면 이 학생은 중학교 때부터 고등학교 1학년 1학기까지 영어시험을 50점도 채 넘긴 적이 없기 때문입니다. 이런 학생이 중학교 시험도 아니고 고등학교 시험에서 공부 좀 한다고 해서 성적이 단번에 오르는 경우는 거의 없습니다. 그런데 학생을 가르쳐 보니 공부를 잘할 수 있는 자질을 많이 갖추고 있었습니다. 그리고 무엇보다 집중력이 엄청나게 좋았습니다. 오랜 시간 공부가 진행되었음에도 불구하고 흔들림이 없었습니다. 수업 동안 집중하는 것만 보면 전교 1등하는 학생으로 느껴질 정도였습니다. 숙제는 어떤 일이 있더라도 한 번도 빠짐 없이 다 해왔습니다. 이렇게 시험 준비를 하고 2학기 중간고사가 있던 날 정말 기적 같은 소식이 들려왔습니다. 50점도 채 못 받던 학생이 한 번에 무려 100점을 받아온 것입니다. 그것도 고등학교 시험에서! 사실 그 상황이 워낙 믿기 어려운 일이라 제가 최근에 이 제자에게 전화를 걸어 그때 일을 재확인할 정도입니다. "너 그때 90점대였지?"라고 물었더니 제자가 "아뇨, 저 그때 100점 받았었어요!"라고 답해주었는데 제가 가르쳤음에도 불구하고 쉽게 믿어지지 않는 일입니다. 실제로 그때 학원에서는 이 일로 원장님이 고무되셔서 학생의 사진과 성적향상 내용을 플래카드로 만들어 학원 버스에 내걸기도 하였습니다. 영어 성적의 수직상승 후 학생은 다른 과목들까지 하나하나 정복해 나갔습니다. 공부라는 것이 열심히 한다고 해서 한번에 전 과목을 다 잘볼 수는 없습니다. 매 학기 중간·기말고사 등을 치르며 목표과목을 하나씩 하나씩 정복해 나가야 하는데 학생은 자신의 목표치를 잘 달성해 주었습니다. 하지만 그렇다고는 해도 고등학교 1학년 1학기부터 최상의 성적을 받아온 학생들보다는 여전히 불리한 입장인 것은 변함이 없었습니다. 이 학생도 결국에는 전 과목을 다 잘하는 학생으로 거듭나기는 하였으나 워낙 낮은 성적에서 고등학교 생활을 시작했었다는 점은 어쩔 수 없는 일이니까요. 이에, 제가 학생에게 '너는 재수를 감내한다면 충분히 sky를 갈 수 있으니까 수능 공부의 끈을 놓지 말도록 하렴!'이라고 얘기해 주었는데 실제로 학생이 재수 한 번 하고 sky를 가는 쾌거를 이루었습니다. 사실 재수를 하지 않고 처음에 갔던 대학도 서울에 있는 매우 좋은 대학이어서 속으로 많이 놀랐는데 학생이 그곳을 다니다가 반수를 해서 최종 sky라고 지칭되는 학교에 합격했던 것입니다. 수학관련 전공을 하게 되었는데 오늘 이 제자가 대치동에서 수학강사를 하게 되었다고 제게 문자를 보내온 것입니다.

때가 되면 이 제자가 유명한 수학강사로 전국에 그 명성을 날릴 것 같다는 예감이 듭니다. 옆에서 보고 있노라면 언제나 기적을 만드는 삶을 살아온 학생이었기 때문입니다. 이 제자가 일하게 된 학원에서 소개하는 글을 보니 '모의고사 7등급에서 수능 백분위 99% 달성'이라고 되어 있었는데 예전 생각이 나면서 괜한 미소가 지어졌습니다.

"스타강사 J양!"

 J 선생님의 수업을 듣는 학생들은 단순히 특정 과목만 배우는 것이 아니라 삶 속에서 기적을 만들어 내는 지혜 그 자체를 배워야 할 것입니다!

 제자들의 성공은 제게도 큰 기쁨입니다!
 더 많은 제자들이 성공의 길을 걸을 수 있도록 좋은 길잡이가 되어야 한다는 다짐을 오늘 다시 한번 해보았습니다!